LES MYSTÈRES

DU

MONT-DE-PIÉTÉ

PAR

ERNEST CAPENDU.

8

PARIS

ALEXANDRE CADOT, ÉDITEUR,

37, RUE SERPENTE, 37.

LES MYSTÈRES
DU MONT-DE-PIÉTÉ.

OUVRAGES D'ERNEST CAPENDU.

Les Mystères du Mont-de-Piété............	6 vol.

Le capitaine Lachesnaye..................	11 vol.

Surcouf.................................	2 vol.

Les Rascals............................	4 vol.

Marcof le Malouin......................	8 vol.

Le Pré Catelan.........................	3 vol.

Mademoiselle La Ruine..................	5 vol.

L'Hôtel de Niorres.....................	6 vol.

Bamboula...............................	4 vol.

Les Mystificateurs.....................	1 vol.

Les Colonnes d'Hercule.................	1 vol.

Imprimerie de F. Dépée, à Sceaux.

LES MYSTÈRES

DU

MONT-DE-PIÉTÉ

PAR

ERNEST CAPENDU.

8

PARIS

ALEXANDRE CADOT, ÉDITEUR

37, RUE SERPENTE, 37.

1861

LES

MYSTÈRES DU MONT-DE-PIÉTÉ.

———

Quatrième partie.

———

LE FOU.

LES

MYSTÈRES DU MONT-DE-PIÉTÉ.

Quatrième partie.

LE FOU.

XVII

La marée montante.

Blanche de Kerlédé demeura longtemps sous le charme de cette courte journée qu'elle avait passée dans la maison de Porcé, elle subissait, à son insu, l'influence étrange exercée sur elle par les manières et le ton d'exquise politesse avec lesquels elle avait été accueillie.

Bien plus, et cela elle ne se l'avouait pas même à elle-même, elle avait été frappée de l'air étrangement noble de Raoul, lequel apparaissait d'autant plus qu'on s'attendait moins à le rencontrer dans un homme de cette classe. Sa contenance assurée et point embarrassée, l'extrême distinction que trahissaient ses paroles et jusqu'à ses gestes, la grâce avec laquelle il portait le costume simple, mais au-dessus de sa condition, qu'il avait revêtu, l'avait frappée d'étonnement, et peu s'en fallait qu'elle ne crût à un profond mystère. Elle se raisonnait bien et se disait qu'il n'y avait rien d'étonnant à ce que l'instruction eût développé tout à la fois l'esprit et la matière, elle savait que Raoul avait pu étudier à Nantes, où il allait souvent, les belles manières dont il avait

si heureusement profité, mais elle se sentait
dominée malgré elle par un secret pressentiment dont elle ne se rendait pas compte.
Étrange imagination que celle d'une jeune
fille !

Elle comprenait parfaitement le côté ridi-
cule qui s'attacherait à ses idées folles si
elle s'avisait de les traduire, et gardait pré-
cieusement pour elle les impressions que
nous venons d'analyser.

Quoiqu'il en soit, ses promenades se rap-
prochèrent plus volontiers de Porcé sans
qu'elle s'en rendît compte elle-même. Marthe en était enchantée, car tandis que Blanche causait avec Raoul, en qui elle décou-
vrait chaque jour des indices d'une érudition solide, elle exhumait avec Pierre Mahé
les souvenirs éteints de leur jeune temps,

elle évoquait le spectre sanglant du chevalier, la douleur profonde de la vicomtesse, et entremêlait ces réminiscences de perfides insinuations sur Henri de Douges , et de gais quolibets sur la figure pendable de Raymond.

Une fois lancé sur ce terrain, Pierre Mahé ne demandait qu'à causer, son œil s'attristait et s'illuminait tour à tour d'un feu étrange qu'on aurait pu prendre pour celui du désir de la vengeance.

De son côté, Raoul était devenu beaucoup plus sédentaire, ou du moins ses excursions étaient devenues plus matinales. Il était rare qu'il fût absent de la maison aux heures où la bonne demoiselle avait l'habitude d'y venir, si bien qu'une douce amitié, basée sur une estime réciproque, naquit de ce

commerce de chaque jour, jusqu'à ce qu'un
incident imprévu vînt la cimenter et lui
donner le caractère sérieux et le degré d'intimité qu'elle avait atteint à l'époque où se
passe notre récit.

Blanche s'était aventurée un jour à descendre dans une baie fort étendue, bordée
de falaises à pic et de rochers qui s'avançaient de chaque côté dans l'Océan. Toute
à la joie de découvrir et de ramasser les
coquillages que la mer avait rejetés sur la
plage, elle poursuivait insoucieusement ses
recherches et poussait des cris d'allégresse
chaque fois qu'elle avait trouvé quelque
objet rare dans ces parages. En vain Marthe, du haut de la falaise, l'avait elle aver-
tie que la mer commençait à monter et
qu'elle devait songer à la retraite, Blanche

avait ri des prudentes observations qui lui étaient adressées et continué son expédition conchyologique.

Enfin, lorsqu'elle releva la tête pour s'assurer que la mer n'avait pas atteint un niveau alarmant, elle pâlit en s'apercevant que sa retraite était coupée du seul côté praticable par où elle était descendue. Elle se dirigea en toute hâte de ce côté, mais la mer était grosse, les vagues déferlaient violemment sur les rochers et les inondaient de leur blanche écume ; elle se recula effrayée, et remonta au fond de la baie jusqu'au pied des falaises à pic qui la bordaient.

Lorsqu'elle se vit ainsi emprisonnée, elle se résigna à attendre, espérant que l'eau n'arriverait pas jusqu'à elle, et cria à Marthe, qui se désolait, qu'elle ne craignît rien, que le danger n'existait pas et qu'elle en serait quitte pour deux ou trois heures d'attente.

Mais, lorsqu'au bout d'une heure, Marthe vit la mer qui montait avec d'autant plus de fureur que les vents du Sud-Est la soulevaient dans cette direction, elle prit sa course et se dirigea vers la maison de Porcé.

Lorsqu'elle y arriva, haletante et épuisée par la marche précipitée à laquelle elle venait de se livrer une heure durant, elle avait le visage tellement bouleversé que Raoul comprit immédiatement que Blanche était en danger.

— Où est-elle? — s'écria-t-il en bondissant. — Que lui est-il arrivé?

— Elle est enfermée dans la baie de Bellefontaine.

— Mais la mer monte.

— Oui, elle n'a pu en sortir à temps.

— Restez là, — dit Raoul, — je reviens.

Et il disparut comme un fou, les cheveux au vent, en proie à une surexcitation désordonnée, faisant des bonds prodigieux, jusqu'à ce qu'il fût arrivé sur la falaise.

Son premier sentiment fut un froid mortel qui lui glaça le cœur, il ne voyait plus Blanche.

Il se dépouilla précipitamment de son habit et de sa veste, et descendit sur les rochers avec une telle fureur, et un élan tellement impétueux, qu'il eût dû se briser vingt fois avant d'arriver en bas, s'il n'eût été soutenu par une force surnaturelle et par la main de la Providence. Enfin, lorsqu'il arriva au pied de la falaise, il aperçut Blanche cramponnée à une saillie de rocher, tandis que la mer se déchaînait furieusement, et que chaque nouvelle lame meurtrissait son corps contre les parois du rocher.

Évidemment la position n'était pas tenable ; Raoul n'hésita pas, il se jeta dans la mer. Il ne chercha pas à éviter, pour arriver à son but, le choc des rochers qu'il connaissait un à un, il ne se lança pas dans les mille détours qu'il lui aurait fallu parcourir pour arriver sans meurtrissures. Il ne voyait qu'une chose, c'était Blanche ! il n'avait qu'un but, la sauver ! En vain ses pieds glissaient sur le guamon, en vain disparaissait-il englouti dans les abîmes entr'ouverts sous ses pas , en vain les vagues furieuses

inondaient-elles de leurs flots tumultueux,
et brisaient-elles son corps ; il revenait à
la surface, l'œil ardent, la lèvre crispée,
vainqueur des obstacles amoncelés autour
de lui. Encore vingt brassées, et il allait atteindre Blanche !...

Mais l'énergie qui avait soutenu la jeune
fille jusque-là, faiblit, ses forces la trahirent,
ses doigts crispés se détendirent peu à peu,
et elle se laissa tomber à la renverse, inani-
mée, abandonnant à l'élément furieux la
proie qu'elle lui avait longtemps disputée.

Le courage de Raoul se centupla devant
l'horrible scène à laquelle il avait assisté, il
parvint enfin à se tenir debout et à prendre
pied en dépit des flots déchaînés et à saisir
Blanche dont le corps, privé de sentiment,
frappait le long des falaises. Il la souleva

dans ses bras, reprit haleine pendant quelques secondes, essayant de la protéger contre
les torrents d'eau salée qui les inondaient,
puis, avec une infatigable volonté, il reprit
le chemin périlleux qu'il venait de suivre.
Sa chemise et sa culotte étaient en lambeaux,
ses cheveux ruisselaient, couverts d'écume,
autour de son cou nerveux, ses mains étaient
ensanglantées, ses ongles déchirés ; il avançait toujours.

Enfin il atteignit la falaise par laquelle il
était descendu, mais le plus difficile restait
à accomplir, il fallait prendre pied et charger sur ses épaules le fardeau précieux qu'il
venait d'arracher à l'Océan.

Après des tentatives inutiles, après être
vingt fois retombé dans l'abîme, il put enfin
poser le pied sur une saillie de rocher, et se

cramponner d'une main aux arêtes de la falaise, tandis que de l'autre il soutenait le
corps de Blanche ; mais il ne put parvenir à
gagner l'étroit sentier où était le salut.

Heureusement pour les deux jeunes gens,
Pierre Mahé s'était élancé sur les traces de
son fils. Bien que robuste encore, il ne put
effectuer le trajet en aussi peu de temps que
Raoul, mais il arriva à point. Il vit d'un
coup d'œil la situation périlleuse dans laquelle se trouvait Raoul, et descendit précipitamment à son secours.

Celui-ci qui avait à peine la force de parler, lui fit signe de prendre la jeune fille
que Pierre se hâta d'aller déposer sur le
haut de la falaise, puis il revint précipitamment à son fils dont il voyait la faiblesse, et
qu'il avait hâte de secourir. Mais Raoul tint

bon, et s'appuya seulement sur l'épaule de
son père, pour mettre le pied sur la terre
ferme.

Mais l'énergie qui l'avait soutenu pendant ce mortel quart d'heure, l'abandonna
tout à coup, ses forces le trahirent, les plaies
qui couvraient son corps, irritées par l'à-
creté de l'eau salée, lui firent sentir des
douleurs cuisantes, de sorte que Pierre Mahé
hésitait entre le corps inanimé de Blanche
et celui de son fils, qui était sur le point de
perdre connaissance à son tour.

Sur un signe de Raoul, il comprit
qu'une plus longue hésitation serait inutile,
et s'éloigna rapidement pour confier la bonne
demoiselle aux soins éclairés de Marthe et
de Marianne.

Lorsque Raoul put enfin surmonter la

faiblesse qui s'était invinciblement emparée de lui, il aperçut son père qui venait à sa rencontre, mais déjà cet abattement passager avait cessé. Il avait ressenti une espèce d'étourdissement qui avait anéanti ses facultés après qu'il eût échappé à la tempête. Bientôt son courage et son énergie avaient pris le dessus, et il se dirigeait lentement vers sa maison lorsque son père vint lui prêter l'appui de son bras.

La physionomie d'abord inquiète de Pierre Mahé se rasséréna lorsqu'il se fut convaincu, à force de questions, que les contusions reçues par Raoul n'avaient aucun caractère sérieux, et n'étaient pas de nature à inspirer des craintes.

Marianne, non moins alarmée que son mari, courait alternativement de Blanche à la porte d'entrée, et de la porte à Blanche. Celle-ci avait fait quelques mouvements, mais n'avait pas encore ouvert les yeux. L'inquiétude de Marthe commençait à se calmer, mais ne cessa entièrement que lorsque la jeune fille revint complètement à elle.

Blanche ignorait absolument par quel miracle de la Providence elle avait échappé au danger dont elle était menacée quelque temps auparavant, et comme elle n'avait pas aperçu Raoul au moment où il s'élançait à son secours, sa reconnaissance ne savait sur qui s'épancher, et elle étreignait convulsivement les mains de sa gouvernante comme pour lui demander la clef de ce mystère.

— Grâce à Dieu, vous voilà saine et sauve!

— disait Marthe. — Oh! qu'elle peur vous m'avez faite !

— Oui, je me souviens! dit — Blanche en recueillant ses idées.

— Sans M. Raoul nous étions perdues, car jamais je n'aurais osé rentrer au château après une semblable catastrophe.

— C'est donc M. Raoul qui m'a sauvée?

— Je le crois bien! le pauvre jeune homme en est encore tout brisé.

— Est-ce qu'il est blessé?

— Rassurez-vous, ma bonne demoiselle, — répondit Marianne, — cela ne sera rien.

— Tant mieux, car je ne voudrais pas pour rien au monde qu'il lui fût arrivé malheur à cause de moi.

Pierre Mahé entra en ce moment, il venait de quitter la chambre de Raoul.

— Tenez, — dit Marthe, — voici Pierre Mahé qui vous a ramenée jusqu'ici, car son fils n'en avait plus la force.

— Je suis aux regrets, monsieur, — dit Blanche. — des étranges dérangements que vous a causés mon étourderie, et surtout des résultats terribles qu'elle a failli amener. Je ne me serais jamais consolée d'avoir été cause de la mort de celui que vous devez chérir à tant de titres. Veuillez lui témoigner toute ma reconnaissance, jusqu'à ce que je sois à même de le faire moi-même, ce qui tardera toujours trop au gré de mon impatience.

— Raoul a fait une chose toute simple et dont vous vous exagérez l'importance, mademoiselle.

— Qu'appelez-vous une chose toute simple,

mon cher Mahé? Quand il y va de la vie, c'est un sacrifice que l'on accomplit, et bien ingrats sont ceux dont la conscience s'accommode de raisons semblables à celles que vous me donnez. Je ne vous ferai pas l'injure de vous offrir une récompense, à vous dont le cœur est si haut placé, mais je vous prie bien de dire à M. Raoul que l'amitié de la famille de Kerlédé lui est acquise, et je le prouverai!

Blanche de Kerlédé embrassa vivement Marianne, afin de récompenser en elle le dévouement de toute sa famille, puis elle s'éloigna lentement, appuyée sur le bras de Marthe, qui frémissait encore à l'idée du coup qui avait failli la frapper.

Blanche était horriblement pâle, elle était à peine remise de la secousse qu'elle venait d'éprouver, mais elle songeait avec une joie secrète au courage de Raoul ; elle se sentait heureuse de lui devoir la vie, parce qu'elle était certaine d'avoir affaire à une de ces natures d'élite chez qui le bien est chose naturelle.

Quand elle arriva enfin au château de Kerlédé, elle parla à son père et à son frère du dévouement de la famille Mahé, avec une éloquence telle que, sur la demande formelle de M. de Kerlédé, Hector prit l'engagement solennel d'aller remercier en personne ceux à qui il devait la vie de sa sœur.

XVIII

Au chat qui pelote.

Le lendemain Hector, ainsi qu'il l'avait
promis, ne manqua pas de venir faire à
Porcé une visite de remercîments au nom
de son père et de sa sœur.

Il trouva Raoul debout, mais marchant
avec peine, et, après avoir exprimé sa re-

connaissance d'une manière générale, il se rapprocha de Raoul dont il subit, sans le savoir, l'ascendant magnétique.

— Je suis heureux, mon cher monsieur, — dit Hector, — de voir que l'accident d'hier n'aura aucune suite fâcheuse, et je suis venu personnellement vous remercier de ce que vous avez fait pour ma sœur.

— Monsieur, — dit Raoul, — si vous tenez à m'être agréable, il ne sera jamais question entre nous d'une semblable misère.

— Mais je manquerais à toutes les lois de la plus simple politesse, si, à defaut de ma reconnaissance, je n'étais venu...

— De grâce, restons-en là ! Je n'ai pas besoin, croyez-le, d'y regarder à deux fois pour voir que j'ai affaire à un homme de cœur. Or, les protestations que vous me ferez n'ajouteront rien aux sentiments que vous avez conçus pour moi, de même qu'ils ne feront pas valoir davantage le mérite que vous voulez bien accorder à l'action que j'ai accomplie hier.

— Soit! je me tairai ; cependant...

— Le plus grand tort des hommes, à mon sens, — dit Raoul, — et je vous demande pardon de vous interrompre, c'est de vouloir attribuer un éclat menteur à des choses fort simples et fort naturelles. Il n'est personne, à ma place, qui n'en eût fait autant, même pour un étranger ; à plus forte raison pour mademoiselle Blanche de Kerlédé, dont la réputation de bienfaisante bonté est si bien établie, que c'est rendre service aux malheureux que lui être utile.

— Vous exprimez-là des sentiments beaucoup trop nobles pour que je cherche à les combattre. Permettez-moi cependant de vous faire observer que vous avez conçu de l'humanité, en général, une opinion beaucoup trop avantageuse pour elle.

— Seriez-vous sceptique, déjà?

— Dieu m'en garde! J'ai le même âge que vous environ et je n'ai pas été élevé à cette école flétrissante. Mais du scepticisme à la confiance aveugle, il y a un abîme, il y a, entre deux points extrêmes, un milieu qu'il faut toujours savoir garder.

— En ce cas, monsieur Hector, vous êtes d'une force de caractère et de raisonnement à laquelle je suis loin d'avoir atteint. J'ai beaucoup lu, beaucoup étudié! Cela se comprend, je n'ai pas autre chose à faire, et j'ignore vers quelle carrière je tournerai les yeux ; mais je n'ai jamais voulu apprendre à me défier des hommes, et je les croirai tous bons tant que je n'aurai pas de preuves du contraire.

— Diable ! vous serez souvent déçu !

— Que m'importe ? Croyez-vous qu'il vaudrait mieux entrer dans la vie armé d'une défiance qui reculerait devant le plus petit épanchement du cœur si elle ne l'avait pas contrôlé ! Ne serait-ce pas un moyen très-efficace de se fermer à jamais l'amour et l'amitié. Est-il un homme d'expérience qui ne s'y soit pas trompé ? Et vous voulez que nous, qui débutons à peine dans la vie, qui n'en connaissons rien encore que ce qu'elle a de doux et de charmant, nous soyons cuirassés contre la méchanceté humaine, quand nos pères et nos grands-pères s'y laissent prendre ! Allons donc ! Ayons les défauts de notre âge ! Quel est le flambeau de la jeunesse ? N'est-ce pas la foi ? N'est-ce pas cette immuable confiance dans ce qui est bien, dans ce qui est beau, dans ce qui est noble ? Le temps viendra toujours trop tôt où nous refermerons nos ailes, pourquoi le devancer ? Pourquoi nous faire d'avance les martyrs de l'incrédulité ? Quant à moi, je vais au-devant de tous avec le même calme, la même force, la même bienveillance. Si Dieu veut que je me trompe, je passerai à côté sans fiel, sans haine, sans amertume. Le jour viendra peut-être où je trouverai dans une femme un cœur qui me comprenne, dans un homme les trésors d'amitié et de dévouement dont notre âme a besoin.

— Eh! morbleu, vous les avez trouvés chez moi si vous voulez les accepter, — s'écria Hector !

— Vous voyez, mon cher monsieur, — dit Raoul souriant, — vous êtes comme moi, et malgré vos préventions, vous péchez par excès de confiance.

— C'est qu'aussi vous convertiriez le diable !

— Je ne suis pas plus un saint que vous n'êtes un démon. Mais l'amitié que vous daignez m'offrir m'honore à ce point, moi humble, que je l'accepte avec enthousiasme. Pourtant réfléchissez-y bien ! Vous êtes gentilhomme et votre estime me suffira. Je ne voudrais pas que vous eussiez à rougir un jour d'avoir à serrer ma main. Croyez que je comprends parfaitement quelle distance nous sépare, et que je ne suis pas homme à profiter d'un moment de surprise pour me créer un titre à vos yeux, qui pourrait amener dans l'avenir de cruels déboires !

— Décidément !—dit Hector, — les rôles sont intervertis, c'est moi qui ai confiance, et c'est vous qui vous défendez d'en avoir.

— Du tout, — répondit Raoul, — mais il y a un écueil et je vous le signale.

— Je le brave, c'est l'écueil des sots !

— Qu'il soit fait suivant votre volonté, mon cher monsieur de Kerlédé.

— A demain, mon cher Raoul, songez que je suis votre débiteur et que j'ai de la monnaie à votre disposition, — dit Raoul en montrant son cœur.

— Je n'en doute pas, mais s'il ne dépend que de moi, je la laisserai fructifier, je n'en serai que plus riche.

C'est ainsi que Raoul et Hector se séparèrent le jour où ils s'étaient vus pour la première fois.

Le lendemain, Hector ne manqua pas de venir faire visite à son nouvel ami, il en fut de même les jours suivants, jusqu'à ce qu'enfin Raoul se trouvât suffisamment ingambe pour faire en sa compagnie la route qui les séparait du château de Kerlédé.

Ce jour-là Raoul fut officiellement présenté par Hector et par Blanche à leur père.

— Je sais, — lui dit M. de Kerlédé, — que je vous dois le salut de mes plus chères affections. Avec un autre homme que vous, j'aurais cherché à acquitter la dette de reconnaissance que j'ai contractée. Mais je suis heureux de la garder vis-à-vis de vous, car je suis bien convaincu que vous ne m'en ferez jamais sentir le poids.

— Je m'estime trop heureux, monsieur, d'avoir pu vous être utile dans cette circonstance,—répondit Raoul.—La bienveillance avec laquelle vous daignez m'accueillir, m'indique suffisamment que je suis votre obligé.

— Vous avez une charmante manière de retourner les choses, monsieur Raoul, je n'essayerai donc pas d'avoir le dernier avec vous. Croyez seulement que vous pouvez faire état de moi sans scrupule.

— Je suis déja trop payé d'un service bien léger au fond, par toutes les marques

d'amitié que votre famille a bien voulu prodiguer à un indigne.

Et Raoul s'inclina respectueusement devant M. de Kerlédé, et disparut avec Hector
dans une allée du parc.

Il y retrouva Blanche qui lui sourit doucement dès qu'elle l'aperçut, et c'est ainsi
que commença entre ces trois personnages
l'amitié qui devait se consolider encore par
la suite.

Raoul prit doucement l'habitude de venir
chaque jour au château de Kerlédé. Il avait
enfin trouvé des êtres à sa portée, et ses
épanchements pour avoir été longtemps com-
primés, n'en étaient que plus vifs et que plus
sincères. Il passait ainsi de longues heures
à deviser, et plongeait ses amis dans une
stupéfaction profonde, lorsqu'ils décou-

vraient en lui de nouvelles qualités, et des indices certains d'une érudition hors ligne.

Lorsqu'à plusieurs reprises, les jeunes gens s'étaient livrés à des exercices de force ou d'adresse, Raoul avait déployé sur Hector une telle supériorité, que celui-ci s'inclinait joyeusement et sans basse jalousie devant son rival. Blanche était témoin de ces luttes désintéressées, et s'habituait avec bonheur à voir triompher celui à qui elle devait la vie.

Raoul avait, nous l'avons dit, dans toute sa personne une sorte d'attrait magnétique, qui faisait qu'on se sentait entraîné vers lui instinctivement. Il était donc bien certain que cet ascendant qu'il possédait sans le savoir, devait se faire sentir davantage sur

Blanche, dont l'âme neuve devait plus facilement recevoir les impressions extérieures.
Aussi se laissait-elle aller, sans s'en rendre
compte, au charme qui l'attirait vers ce
beau jeune homme qui l'avait sauvée. C'était
une affection toute fraternelle sans doute,
car elle aimait également Hector ; mais alors
pourquoi cette joie secrète qui lui berçait le
cœur, lorsqu'elle voyait exécuter à Raoul ce
qu'Hector n'avait pas pu faire ? Jamais Blanche n'avait essayé de s'expliquer ce singulier
phénomène, et, l'eût-elle fait, jamais elle
n'aurait supposé qu'un jour serait venu où
elle serait forcée d'analyser les sentiments
qu'elle éprouvait.

Le mois de mars venait de se terminer ;
avril commençait à fondre, dans ses premiers

rayons d'un soleil bienfaisant, la neige ou-
bliée sur les plaines parmi les tardives gibou-
lées du mois précédent. La nature semblait
renaître à une ère nouvelle, un parfum
indéfinissable saisissait l'odorat et s'échappait de la terre en tièdes exhalaisons, les
oiseaux faisaient entendre aux branches du
buisson leur ramage amoureux, les bour-
geons se montraient en grappes vertes aux
branches dépouillées des arbres, le ruisseau
coulait plus doucement sur l'herbe plus verte,
c'était le printemps qui s'annonçait par ces
mille avant-coureurs invisibles qui le trahis-
sent chaque année.

Blanche était rêveuse. Elle ressentait peut-
être aussi quelque chose de cette vague inquiétude qui s'était emparée de la nature

entière ; Hector et Raoul causaient tout bas ensemble de tout et de rien, interrompant par de brusques éclats de rire leur conversation animée. Blanche, arrachée à sa rêverie par un éclat plus bruyant que les autres, leur demanda quelle était la cause d'une gaîté assez égoïste pour qu'ils ne la lui fissent pas partager.

— Ce n'est rien, — dit Raoul, — Hector me disait qu'il devait aller à Nantes dans deux ou trois jours, et je lui offrais de l'y accompagner.

— Et c'est là ce qui vous faisait tant rire !

— Non, — répondit Hector, — mais nous formions mille projets plus extravagants les uns que les autres.

— A propos de quoi ?

— Curieuse !

— Mais enfin ne puis-je pas savoir ?...

— Nous nous creusions la tête à savoir ce que nous devions te rapporter.

— Alors cela ne me regarde pas, — dit Blanche en souriant, — je me sauve, adieu !

Et elle disparut gracieusement sous la charmille.

Trois jours après, Raoul et Hector fièrement campés sur deux chevaux sortant des écuries de M. de Kerlédé, suivaient la route de Nantes.

L'épée que Raoul portait d'ordinaire était d'une simplicité et d'un travail admirable. La poignée était en acier poli, et découpée à jours avec un travail de ciselure infini. C'était une complication de feuilles de vigne et de grappes entrelacées, de manière à former une coquille d'une solidité à l'épreuve de la plus vigoureuse estocade.

La lame, solidement emmanchée et d'une trempe supérieure, était d'une légèreté rare, c'était à la fois une arme de luxe et de défense. A voir le soin minutieux qu'on en prenait, il était facile de juger qu'un souvenir bien cher devait s'y rattacher, car cette rapière était un peu vieille de forme, et l'on ne devait guère s'attendre à la voir suspendue aux côtés d'un jeune homme.

C'est dans cet attirail martial que nos deux jeunes gens firent leur entrée dans la ville de Nantes.

Plus d'une jeune fille, en les voyant passer, baissa pudiquement les yeux, tandis qu'une rougeur subite envahissait ses pommettes.

Enfin, Raoul et Hector disparurent sous le portail d'une maison d'assez belle apparence, au-dessus duquel était supendue une enseigne représentant un chat qui jouait avec une pelote de fil.

On y lisait ces mots, tracés en gros caractères :

AU CHAT QUI PELOTE.

Après qu'il eurent fait conduire leurs chevaux à l'écurie, et qu'ils les eurent recommandés particulièrement au valet, ainsi qu'il convenait à tout bon cavalier de le faire, nos deux amis pénétrèrent dans la salle basse de l'auberge du *Chat-qui-pelote*, afin de se refaire quelque peu des fatigues du voyage.

L'auberge du *Chat-qui-pelote*, bien qu'une des plus belles de Nantes, ne ressemblait pas à beaucoup près aux hôtels que nous voyons aujourd'hui.

Dans la salle basse, au rez-de-chaussée, se trouvaient des tables et des bancs de chêne, sur lesquels tout le monde venait s'asseoir, et boire comme on le fait maintenant dans les cafés.

Lorsqu'arrivaient des gens de qualité, ils montaient aux étages supérieurs et se fai-saient servir dans leur chambre. C'est bien ce qu'avait proposé madame Moraud, la maîtresse de l'auberge, à Hector de Kerlédé qu'elle connaissait de longue date ; mais nos jeunes gens étaient venus seuls sans domes-

tiques, et d'ailleurs n'étaient pas fâchés de
s'encanailler un peu à l'odeur de ce tripot :
ils refusèrent et s'installèrent devant une
table vide dans la salle basse.

Ce qui attira de suite l'attention sur eux,
c'est que contrairement à ses habitudes bien
connues, madame Moraud daigna se lever de
l'espèce de comptoir où elle était installée
pour aider elle-même au service de ses nouveaux clients. Cette prévenance leur mérita
de la part de quelques honnêtes bourgeois,
une certaine considération, mais leur valut
de la part de quelques autres figures, moins
débonnaires, des regards entrecroisés de
colère, de dédain et d'ironie...

A tout cela, nos jeunes gens ne furent
guère sensibles et ils se mirent en devoir

de faire honneur au souper qui leur avait été servi.

La nuit, qui commençait à venir quand Raoul et Hector entrèrent à Nantes, était maintenant complètement tombée. La salle basse n'était éclairée que par la lueur douteuse de quelques lampes fumeuses, seul luxe d'illumination que se permissent les auberges du temps. A travers le brouillard assez nauséabond, formé par la fumée des lampes autant que par celle des pipes, s'entrevoyaient vaguement les figures diversement accusées de buveurs.

Il y avait dans un coin de la salle basse, une série de gens à figures patibulaires obéissant évidemment à un personnage d'un ordre plus élevé, qui se trouvait au bord de la table. Ces physionomies accentuées paraissaient appartenir à première vue, ou à de simples coupe-jarrets, ou tout au moins à d'honnêtes *tire-laine*, gens de sac et de corde bien certainement, ne demandant que plaies et bosses, et ne tirant jamais profit que de la ruine des autres.

Quant à celui qui paraissait le chef de cette confrérie, c'était un grand gaillard de quarante-cinq à cinquante ans, coiffé d'un feutre crânement posé sur l'oreille, dont le bord légèrement déchiqueté par les rigueurs du temps retombait en saule pleureur ; il avait la moustache vaillamment retroussée, le maintien assuré ; une sorte de justaucorps de buffle enveloppait son torse élancé, une rapière d'une longueur démesurée pendait à son côté tandis que la pointe du fourreau reposait sur la dalle. Ses jambes étaient enfermées dans d'énormes bottes jaunes légèrement maculées et décrochées certainement à l'enseigne de quelque fripier, car on aurait pu hardiment y loger deux mollets comme celui de notre homme. Il affectait un air calme et une supériorité hautaine sur son entourage. Sa longue personne pliée en deux s'allongeait démesurément au-dessus et au-dessous de la table ; sa main gauche était bravement campée sur sa cuisse, tandis que la droite entourait encore un gobelet vide ; il promenait autour de lui un regard de mépris, et semblait se considérer comme le personnage marquant de l'endroit.

Lorsqu'il vit madame Moraud se déranger

pour les nouveaux venus, chose qu'elle ne faisait jamais pour lui, il sentit que la considération dont il jouissait auprès de l'hôtesse n'atteignait pas au même niveau que celle qui accompagnait les étrangers, et un imperceptible froncement de sourcils trahit son mécontentement.

Quant à la maîtresse du *Chat-qui-pelote* elle allait et venait avec une vivacité tout à fait exceptionnelle, se multipliant pour être agréable aux jeunes gens. Ils étaient tellement préoccupés de leur repas, qu'ils ne s'apercevaient pas de l'attention dont ils étaient l'objet de la part de ceux qui se trouvaient assis autour de la table placée en face de la leur.

Bientôt cependant, d'après les propos

échangés, il leur fut facile de voir qu'il était question d'eux dans le vilain aréopage.

— Comment diable les a-t-on laissés sortir si tard sans leur précepteur! — disait l'un.

— Vois comme ils boivent! — disait l'autre.

— Ils vont se griser!

— Et comme ils mangent!

— Ils vont attraper une indigestion!

— Madame Moraud bassinera leurs lits, — dit le capitaine.

— Pauvres petits! que dira papa s'ils sont malades?

— Il leur donnera le fouet, — répondit le bravo.

A ce propos, Hector bondit et s'adressant à celui qui avait répondu :

— Vous avez la langue bien longue ! — dit-il.

— Plus longue que votre moustache, jeune homme !

— On pourrait bien vous couper la vôtre, mon grand escogriffe.

— Asseyez-vous donc, mon jeune coq, vous avez peur, votre voix tremble.

— C'est de colère, entendez-vous !

Presque au même instant Raoul et madame Moraud intervinrent.

Madame Moraud était une solide gaillarde aux robuste appas, à la parole facile et énergique, habituée de longue date aux

querelles de cabaret, rendant généreusement deux horions quand elle en recevait
un ; elle arriva sur le lieu de la scène à pas
de géant, et se campant devant le capitaine
les deux poings sur la hanche :

— Ah çà ! vous tairez-vous, mauvais brigands ! — dit-elle en s'adressant à ses
acolytes.

— Nous nous tairons si nous voulons !

— Le premier qui dira un mot de trop à
ces gentilshommes, je lui brise ce pot sur la
tête, — dit-elle en saisissant un énorme
pot d'étain.

— N'abîmez pas votre argenterie, madame Moraud, — dit l'un de ceux qu'elle
avait menacés.

VIII.   4

— Alors silence ! — s'écria-t-elle, — ou je frappe !

— Alors à boire ! — dit le capitaine.

Pendant ce temps, Raoul avait de la peine à contenir la colère d'Hector. Lorsqu'il l'eut à peu près calmé, il promena sur ces hommes un regard de mépris et de superbe défi, empreint d'une telle audace que tous ces criards baissèrent les yeux. Quant au capitaine, il avait jeté sur la rapière de Raoul un coup d'œil investigateur qui lui fit faire une petite grimace de connaisseur.

— Peste ! — pensa-t-il, — la jolie rapière ! oui, mais elle est probablement mal emmanchée.

L'incident parut se calmer, la bande se tut et continua à boire quelques verres de

vin pendant que les deux gentilshommes fi-
nissaient leur souper.

Pourtant, l'espèce de retraite effectuée par
la bande goguenarde devant les paroles ca-
tégoriques de la maîtresse du *Chat-qui-pelote*, et l'attitude fière et menaçante de Raoul,
eut son mouvement de réaction.

Les buveurs éprouvèrent une sorte de
honte à s'être calmés tout à coup, comme
une troupe d'écoliers surpris par le maître,
et relevèrent la tête d'un air menaçant; le
capitaine s'en aperçut et se prit à sourire.

Il fit de la main un signe qui signifiait :
Laissez-moi faire ; vous allez voir ! et il se
leva.

Il prit son gobelet, et s'approchant avec
une politesse affectée de Raoul et d'Hector :

— Vous plairait-il, messeigneurs, — dit-il d'un ton goguenard, — de vider un gobelet à notre santé ? Je serais désolé que le plus petit nuage subsistât entre vous et les honnêtes gens qui me font compagnie.

— Monsieur, — répondit Raoul sans se déranger, — nous n'avons que faire de trinquer avec des inconnus. Peu nous importe qu'il subsiste un nuage entre eux et nous.

— De sorte que vous refusez de me faire raison ?

— Comme vous le voyez, — dit Raoul.

— Mais savez-vous, jeune homme, que c'est me faire injure, et que je suis gentilhomme !

— On ne le dirait guère.

— Qu'est-ce à dire?

— C'est que vous êtes entouré de gens de telle espèce, qu'on vous prendrait plutôt pour un capitaine de brigands que pour un gentilhomme, — répondit Hector précipitamment.

— Savez-vous bien, mon jeune coq, que je pourrais vous empêcher de chanter si haut.

— Et avec quoi? — demanda Hector.

— Mais, je crois que ceci suffirait, — dit le capitaine en montrant sa rapière.

— Soit, monsieur, quand vous voudrez !

— Demain matin, à cinq heures, j'aurai l'honneur de venir vous prendre en compa-

gnie d'un de mes amis ; je connais un endroit charmant, où je vous mènerai, vous
tomberez sur un gazon vert et tendre comme
la rosée.

— Assez, monsieur ! — s'écria Raoul, —
pas de bravades inutiles, vous me faites l'effet d'un mangeur d'enfants !

— Comme il vous plaira, mon jeune ami,
j'en mangerai bien deux avant déjeuner.

— C'est ce que nous verrons !

— A demain matin, n'est-ce pas, messieurs, — dit le capitaine en saluant bien
bas.

— C'est convenu !

— Ces messieurs coucheront sans doute

au *Chat-qui-pelote*, c'est une excellente auberge !

— Vous nous y trouverez, je vous le promets, — dit Hector en levant la tête d'un air de défi.

Le capitaine se retira en riant aux éclats, tandis que sa bande faisait chorus avec lui.

— Morbleu ! — dit Raoul que la colère commençait à gagner, et qui pâlissait à vue d'œil, — vous vous tairez, canailles !

Les rires cessèrent pour recommencer de plus belle.

Raoul se leva, et appuyant ses deux mains sur la table des buveurs :

— Quel est celui qui va rire ? — demanda-t-il.

Cette fois les éclats de la gaîté furent tellement bruyants, que tous les buveurs assis dans la salle basse se retournèrent.

Raoul s'empara de celui des rieurs qui se trouvait le plus à sa portée, l'enleva vivement et sans effort de la place où il était assis, et d'un coup de poing vigoureusement appliqué en plein visage, il l'envoya rouler sur la table, à travers les gobelets et les bouteilles.

Puis reprenant la même position nonchalante :

— A qui le tour de rire, maintenant ?

Mais un silence unanime accueillit sa demande ; la rage et la honte se lisaient écrites en caractères menaçants sur le front des rieurs déconfits. Raoul et Hector allaient avoir affaire à forte partie, les bourgeois se retiraient doucement, peu désireux d'assister à une querelle sanglante ; la voix de madame Moraud était méconnue, Raoul demeurait immobile.

Pourtant il songeait à faire une retraite honorable et à se mettre en défense, lorsque le capitaine se leva.

— Ma foi, mon gentilhomme, — dit-il, — vous avez un poignet de manant !

Raoul devint tout à coup rouge comme une pivoine. Le capitaine venait, sans le savoir, de faire saigner la plaie secrète du jeune homme.

— A demain matin, messieurs, nous verrons si vous êtes aussi vaillants sur le pré.

Des cris menaçants s'échappaient cependant de la troupe dont un des membres venait de recevoir une si juste correction. Le visage tuméfié et sanglant de la victime disait assez de quel poids était le bras de Raoul, et l'on avait plus envie de jouer de la dague que de s'exposer à un horion semblable.

— Silence, vous autres ! — s'écria le capitaine.

Et comme les murmures redoublaient :

— Taisez-vous, canailles ! vous n'avez que ce que vous méritez. Sortez !

Et se mettant devant la table occupée par Raoul et par Hector, il étendit son bras gauche dans la direction de la porte. Il avait à ce moment-là une pose à la fois pleine de noblesse et de dignité, qui révéla pendant la durée d'un éclair l'origine du sang aujourd'hui perverti qui coulait dans ses veines. Mais ce rayon glissa rapidement, et le capitaine avait repris toute sa forfanterie de mauvais goût, lorsqu'il se tourna une dernière fois du côté des jeunes gens et leur dit en les saluant :

— A demain, n'est-ce pas, messieurs?

— Ah! vous pouvez y compter! — dit Hector.

Les deux amis regagnèrent leur chambre en proie à une tristesse invincible.

— Sais-tu bien tirer l'épée? — demanda Raoul.

— Passablement, — répondit Hector.

— Tant pis! car nous aurons à en découdre furieusement avec ce gaillard-là.

— Bah! les brigands ne tuent pas les honnêtes gens! — dit Hector en riant.

— Mais, au contraire, c'est qu'ils ne font que ça.

Et Raoul se coucha préoccupé.

— Ah! si j'étais gentilhomme! — soupira-t-il.

XIX

Ce qu'était la rapière de Raoul.

Raoul était déjà sur pied, lorsque fidèle
à la promesse qu'il avait faite la veille, le
capitaine se présenta à l'auberge du *Chat-
qui-pelote*, assisté d'un de ses amis, dont la
mine renfrognée et le manteau déchiqueté
indiquaient suffisamment la pénurie, en

même temps que sa longue épée fièrement
relevée trahissait le gentilhomme aigrefin.
Ces types n'étaient pas rares à l'époque qui
nous occupe, et ces hommes ne se faisaient
aucun scrupule de se mettre à la solde du
premier venu assez riche pour les payer, et
assez puissant pour les faire obéir.

En un instant Hector fut debout et suivit
ces messieurs dans l'endroit choisi par le
capitaine.

C'était un réduit charmant et touffu,
abrité des rayons du soleil par des branches
de saule ; une herbe fine et drue étendait
sous les pieds un tapis de verdure, tandis
qu'un ruisseau clair et argenté faisait entendre ce frémissement discret produit par

le clapotement de son eau tranquille sur les petits cailloux de son lit.

Lorsque les combattants eurent échangé un salut cérémonieux, et qu'il fallut s'accoupler pour combattre, Raoul choisit le capitaine, mais Hector s'y opposa. Le capitaine se chargea fort heureusement de trancher le nœud gordien :

— Croyez, messieurs, — dit-il d'un ton goguenard, — que je suis sensible à tant d'honneur, mais si vous êtes pressés à ce point de vous faire tuer tous les deux, il m'est absolument impossible de me multiplier. Cependant comme il m'importe peu que l'un de vous meure avant l'autre, nous allons jouer aux dés, si vous le voulez bien, pour vider cette question.

— Eh ! nous n'avons pas de dés, — dit Hector avec un geste d'impatience, — ainsi.....

— Oui, mais j'en ai toujours sur moi, — reprit le capitaine.

— C'est inutile, — dit Raoul, — en garde !

— Oh ! n'allez pas si vite, que diable ! Je tiens à faire ce matin ma partie de dés, ou je ne me bats pas, vous n'avez qu'à choisir.

— Alors dépêchez-vous, — dit Hector en haussant les épaules et en frappant du pied.

— Permettez-moi, mes jeunes gentils-hommes, de satisfaire auparavant à une simple formalité.

— Encore ! — dit impatiemment Raoul.

— Sans doute ! — répondit le capitaine, sans rien perdre de son sang-froid, j'aime à savoir à qui j'ai affaire. Je suis le chevalier de Bretteville, et voici mon ami, M. de la Taupinière, que je vous présente. Veuillez à votre tour me dire qui vous êtes, afin que je sache de quelle main je meurs, si toutefois je dois mourir. Cela fait, nous procéderons à ma partie de dés pour savoir quel est celui de vous que le sort aura désigné pour mon adversaire.

— Monsieur, — dit Hector en s'avançant, — je suis le chevalier Hector de Kerlédé, et je me porte caution pour mon ami Raoul que voici.

— Raoul ?

— Sans doute.

— Mais Raoul quoi ?

— Je m'appelle Raoul Mahé, — dit celui-
ci, intervenant brusquement. — En vérité,
si l'on faisait autant de façon pour se bat-
tre avec des coquins, vous risqueriez de vivre encore longtemps.

— A votre aise, monsieur, soyez grossier
tant que vous le voudrez, cela ne changera
rien au parti que j'ai pris.

Cela dit, le capitaine tira de sa poche
deux cornets encrassés par l'usage ; il en
offrit un à Raoul, un autre à Hector, et se
croisa les bras.

— Onze ! — s'écria Raoul. — A nous deux,
monsieur de Bretteville !

— Pas encore, — dit le capitaine en donnant les dés à Hector.

— Tous les six ! — dit Hector en jetant à la fois les dés et le cornet. — Je vous tiens, capitaine !

Le capitaine de Bretteville ôta galamment son chapeau devant Hector, dégaîna sa rapière et en posa la pointe à terre, en lui disant :

— Je suis à vos ordres, monsieur de Kerlédé !

Son acolyte, M. de la Taupinière, en faisant tout autant vis-à-vis de Raoul, le combat commença.

Dès les premières passes, Hector fut légèrement blessé au bras droit, tandis que

Raoul poussait vigoureusement son adversaire, afin de venir en aide à son ami, ainsi que cela se pratiquait d'ordinaire. M. de la Taupinière, énergiquement pressé, commençait à perdre haleine sous les coups d'estoc nombreux qui pleuvaient sur lui. Deux fois déjà son noble sang avait rougi la lame de Raoul, lorsqu'il trouva, sans la chercher, l'occasion de respirer un instant. En effet, Raoul voyait fort bien qu'Hector n'était point de force à lutter contre le capitaine, et ne quittait point des yeux le combat de son ami. Aussi voyant qu'il allait infailliblement succomber, il se précipita sur l'épée du chevalier de Bretteville qu'il lia avec force et qu'il fit sauter à dix pas d'un coup de fouet bien appliqué.

Pendant qu'Hector laissait généreusement

à son adversaire le temps de ramasser sa rapière, Raoul revint l'épée haute sur l'infortuné de la Taupinière, et décidé à en finir avec ce dernier, il lui allongea un coup droit qui lui cloua le bras sur le corps, et pénétra de quelques pouces. Alors, débarrassé de ce combattant dont il brisa l'épée sous le talon de sa botte, il se campa résolûment entre le capitaine et Hector, en dépit des observations de ce dernier.

Il était temps ! Bien que la blessure d'Hector ne fût pas dangereuse, le sang qu'il avait perdu l'avait affaibli, sa garde était déjà plus molle et le chevalier de Bretteville allait infailliblement avoir raison du jeune homme, lorsque Raoul écarta brusquement Hector, et se précipita au-devant du capitaine.

L'œil de notre héros était animé d'un feu étrange, ses narines dilatées, ses dents serrées, ses lèvres entr'ouvertes, en faisaient un type superbe de courage et de sang-froid.

Hector eut beau vouloir continuer le combat, il fallut bien se résigner à en rester spectateur, car ses forces l'abandonnèrent au point qu'il dut s'appuyer contre le tronc d'un saule, qui se trouva là fort à propos.

— Ventrebleu ! c'en est trop ! — dit le capitaine, — et puisque monsieur Raoul veut absolument se faire tuer, je ne le ménagerai pas !

Le digne capitaine écumait de rage ; il était furieux d'avoir été désarmé par ce jeune coq, comme il l'appelait.

Lorsqu'il se trouva définitivement en face de Raoul, il s'emporta d'abord et essaya deux ou trois bottes terribles dont il attendait le plus grand effet, mais quand il vit devant lui la belle figure calme et souriante qui le regardait, il sentit qu'il était tombé sur un maître, et redevint prudent.

— Écoutez, monsieur de Bretteville, — lui dit Raoul, — veuillez nous faire des excuses ce soir dans la salle du *Chat-qui-pelote*, et tout sera oublié !

— Jamais ! — hurla le capitaine perdant toute prudence, — jamais un Bretteville ne fera d'excuses à personne ! Je suis gentil-homme, je mourrai gentilhomme, et vous allez faire connaissance avec l'épée de mes aïeux.

— Croyez, monsieur, que celle que je porte vaut bien la vôtre, elle a appartenu au chevalier d'Escoublac.

— Vous êtes touché, je crois, — dit le capitaine avec un rire sinistre.

— C'est vrai, — répondit Raoul dont la figure pâlit légèrement, — je voulais vous épargner, mais je vois bien que vous êtes une vilaine bête qu'il faut écraser. Voulez-vous faire des excuses?

Et Raoul liant l'épée de son adversaire, le désarma de nouveau.

Le capitaine alla ramasser son épée, rouge de honte et de fureur. Lui! une des plus fines lames de Nantes, deux fois désarmé! Il se précipita en aveugle sur Raoul qui le reçut l'épée haute.

Deux minutes après, M. le chevalier de Bretteville gisait étendu sur l'herbe verte, transpercé d'outre en outre par l'épée de Raoul, à côté de son noble ami messire de la Taupinière, qui ne valait guère mieux.

— Fuyons! – dit Hector. — Vous êtes blessé?

— Oh! c'est à peine une écorchure ; c'est vous, Hector, qui êtes blessé.

Les deux amis se dirigèrent vers l'auberge du *Chat-qui-pelote*.

— Mon cher Raoul, — dit Hector, — venez que je vous embrasse, vous serez donc le sauveur de toute la famille!

— Je vous en prie, mon cher Hector...

— Je n'écoute rien. A dater d'aujourd'hui, vous êtes mon frère, je le veux, je l'exige.

— Oh ! pour cela, de grand cœur ! — dit Raoul tendant la main à son ami.

Celui-ci la serra violemment, mais un cri lui échappa presque aussitôt.

— C'est vrai ! vous êtes blessé, et moi qui l'oubliais !

Raoul envoya chercher immédiatement le chirurgien, et lui fit dire qu'il s'agissait d'un coup d'épée.

Un quart d'heure après, le chirurgien arriva ; c'était un homme de soixante ans environ, mais qui avait la main sûre et qui

jouissait depuis longtemps d'une grande réputation dans la province.

— C'est une bagatelle! — dit le docteur
après avoir lavé et pansé la blessure d'Hector.

— J'en étais sûr, — dit celui-ci.

— Tant mieux, — reprit Raoul, — et ne
parlez de cela à qui que ce soit, monsieur le
docteur, entendez-vous.

— Soyez tranquille, jeune homme, celui
qui a dit que le silence est d'or avait bien
raison, et ce n'est pas à maître Fabert qu'on
reprochera de trop parler !

— Vous vous nommez maître Fabert?

— Ouï, mon gentilhomme, aurais-je l'honneur d'être connu de vous ?

— Non, cependant j'ai déjà entendu prononcer votre nom.

— Cela n'a rien d'étonnant, je suis si connu !

— C'est probablement à cause de cela ; pourtant...

— Achevez, seigneur.

— Il me semblait..... Attendez donc !..... n'est-ce pas vous qui avez soigné le vicomte de Douges, il y a vingt ans ?

— Je m'en flatte, c'est une cure qui m'a fait le plus grand honneur ! je lui dois une partie de ma réputation, mais comment se fait-il qu'à votre âge vous ayez en mémoire cette étonnante particularité ?

— C'est que la date coïncide avec celle

d'un événement qui a douloureusement frappé mon père, et que je connais par cœur tout ce qui se rattache à cette époque funeste.

— Y a-t-il de l'indiscrétion à vous demander quel est cet événement?

— Aucune.

— Et c'est ?...

— L'assassinat du chevalier Gaspard d'Escoublac.

— Vous avez cent fois raison,— dit maître Fabert d'un air contraint, — mais je ne veux pas abuser plus longtemps... vous permettez que je me retire...

— Comment donc, docteur! A demain !

Le chirurgien disparut lestement, et on

l'entendit descendre précipitamment l'escalier.

— Peste, — s'écria Raoul, — il est pressé ! Il paraît que les chirurgiens ont de la besogne à Nantes !

— Savez-vous, mon cher Raoul, — dit Hector, — que vous êtes la huitième merveille du monde, et que vous êtes véritablement universel !

— Bah ! et pourquoi ?

— Comment ! vous êtes beau, vous êtes instruit, vous êtes fort, vous tirez l'épée comme personne, et vous me demandez pourquoi !

— Parbleu ! le beau mérite ! Que vou-

lez-vous donc que je sache? je n'ai rien à
faire.

— Mais qui vous a appris à vous servir
aussi proprement d'une rapière?

— Qui? mon père!

— Pierre Mahé?

— Tout bonnement.

— Mais il n'a jamais servi!

— Non, mais il avait été destiné par son
père à servir en Bretagne le chevalier d'Escoublac. Or, je dois vous dire que Vincent
Mahé, mon aïeul, était sergent aux gardes
du roi, et qu'il était le plus habile tireur de
son temps; il donnait des leçons d'escrime
à toute la noblesse il y a dix ans encore. Il
était donc tout naturel qu'il apprît à son fils

un art qui pouvait lui être utile, et dont il lui donna, dès l'enfance, les premières notions, de même qu'il est tout naturel que mon père me l'ait enseigné. Vous voyez combien est simple la chose la plus extraordinaire en apparence.

— Pourquoi ne m'avez-vous jamais parlé de ce talent que vous possédez?

— Parce qu'il n'en a jamais été question entre nous.

— Je croyais que vous l'ignoriez complètement.

— Il est certain, — dit Raoul, — que vous ne pouviez pas le deviner, surtout chez moi.

— Et vous consentirez à me l'apprendre?

— Dès que votre blessure le permet-
tra.

— Écoutez, Raoul, je ne sais ce que vous
réserve l'avenir, mais vous avez là et là de
grandes choses, — dit noblement Hector en
lui mettant alternativement le doigt sur la
tête et sur le cœur.

— Vous plaisantez, mon ami, — répondit
Raoul ; — l'avenir s'inquiète peu de moi, je
vais vous dire ce qu'il me réserve ! C'est de
vivre tranquille des modestes revenus que
me laissera mon père, à l'ombre de votre
bonne amitié. A dater de ce jour, Hector, je ne vous quitte plus, je serai votre
ombre, je marcherai dans votre vie, mes pas
dans vos pas. ma main dans votre main,
mon cœur, mon bras, mon sang, tout cela

est à vous. Je me sens une exubérance de
vie qui demande violemment à se faire jour,
et par moi-même je ne puis rien ! Que voulez-vous ! je suis d'une famille où le dévouement est de tradition. Si le nom d'Escoublac
n'était pas éteint, ma place serait là. Eh
bien, ce dévouement, je vous le donne, l'ac-
ceptez-vous ?

— Non, je n'en veux pas ! Vous avez sauvé
ma sœur il y a quelque temps, vous m'avez
sauvé aujourd'hui, et je ne pourrais rien
pour vous ! Non, il ne sera pas dit qu'un
chevalier de Kerlédé reste impuissant à reconnaître tant de bienfaits ! Dès demain, je
prierai mon père d'écrire au ministre. Il a
été gentilhomme de la chambre du Roi, il a
de bons amis à la cour, ce sera bien le diable
si je ne l'obtiens pas...

— Je refuserais, Hector, je vous le jure !

— A mon tour, je ne vous écoute plus ! Vous voulez donc que la reconnaissance m'étouffe ! — dit Hector.

— Non, mon ami, calmez-vous !

— Laissez-moi faire alors, et embrassez-moi.

XX

Le courrier.

Sur la demande pressante de son fils qui
lui avait raconté le duel qui avait eu lieu à
Nantes, M. de Kerlédé, enthousiasmé pour
son compte des prouesses de Raoul, avait
écrit au ministre et à tous ses amis en leur
recommandant son protégé dans des termes

tellement chaleureux, que la réussite était assurée s'il lui restait encore le moindre crédit à la cour de France. Il n'y avait à craindre qu'une chose, c'est que son éloignement n'eût refroidi le zèle de ses amis, et que la demande qu'il avait adressée fût mise aux oubliettes, en vertu du proverbe qui dit que les absents ont toujours tort.

Ce qu'il y a de certain, c'est que depuis un mois déjà la compagnie était attendue et que le brevet n'arrivait pas. Hector de Kerlédé ne parlait de rien moins que de faire le voyage de Paris pour stimuler la mémoire oublieuse de ceux à qui son père avait rendu service autrefois.

C'est à ce point qu'en étaient les choses lors de la conversation que nous avons en-

tendue sur la pelouse du château, à la suite
de laquelle le vicomte de Douges s'était engagé à passer la nuit du 19 au 20 juin au
château d'Escoublac.

Ainsi que Raoul s'y était formellement engagé, il alla à Nantes demander à maître
Lanoë les clefs du château.

— Vous savez, mon ami, que je n'ai rien à
vous refuser, — dit le notaire, — mais puis-
je savoir ce que vous allez y faire ?

— Je n'ai aucune raison de vous le cacher, d'autant plus que ce n'est pas pour
moi que je vous demande ces clefs.

— Alors je les refuse.

— Vous ne me désobligerez pas à ce

point, maître Lanoë, j'ai promis au vicomte de Douges de les lui apporter.

— Au vicomte de Douges, dites-vous?

— Sans doute.

Et Raoul raconta au notaire l'engagement pris par le vicomte. Maître Lanoë parut réfléchir quelques instants, Raoul ne comprenait pas qu'un oui ou un non pût coûter tant d'efforts.

— Avez-vous parlé à votre père du projet fanfaron du vicomte? — demanda maître Lanoë.

— Je n'avais aucune raison pour le lui cacher, — répondit Raoul.

— Et qu'a-t-il dit?

— Il m'a dit de venir tout simplement vous demander les clefs...

— Et c'est tout ?

— Ah ! il m'a chargé aussi de vous remettre ce petit mot, — dit Raoul en fouillant dans ses poches et en remettant un papier.

Maître Lanoë prit gravement connaissance de la missive, puis affectant tout à coup l'air le plus indifférent du monde, et prenant un ton tout à fait opposé à celui avec lequel il s'exprimait tout à l'heure :

— Ma foi, mon cher Raoul, — dit-il, — mon ami Mahé me prie de vous remettre ces clefs pour ne pas désobliger le vicomte de Douges, j'y consens de grand cœur, tenez, les voici.

Le notaire se leva en prononçant ces mots, se dirigea vers une armoire garnie de fer dont il ouvrit tour à tour les trois serrures, et remit à Raoul un trousseau de clefs dont chacune était étiquetée. Celui-ci le remercia, et après avoir dîné avec maître Lanoë et sa femme, il prit congé d'eux et revint à Porcé.

Pierre Mahé l'attendait avec une certaine impatience, c'était deux jours après que le vicomte devait faire son expédition au château d'Escoublac. Lorsque le père de Raoul le vit arriver, les premiers mots qu'il adressa à son fils furent ceux-ci :

— As-tu les clefs ?

— Les voici. Aviez-vous donc quelque intérêt à ce que je les apportasse ?

— Moi ! que diable veux-tu que cela me fasse ?

— C'est bien ce que je pensais.

— Et comment va maître Lanoë ?

— Il se porte comme un chêne.

— Il ne t'a rien dit pour moi ?

— Absolument rien.

— C'est bon ! va porter les clefs au château, tu les remettras toi-même au vicomte, va !

Raoul se dirigea vers le château de Kerlédé, dont il arpentait l'avenue quelques minutes après.

Les bonnes gens de l'endroit, toujours à l'affût de ce qui se passe autour d'eux, ainsi que cela se pratique encore dans la province, ne comprenaient rien à la familiarité qui existait entre Raoul et la famille de Kerlédé. On connaissait bien les prouesses du fils Mahé, mais il semblait qu'on les eût exagérées et que rien ne justifiât les rapports fréquents qui s'étaient établis entre un paysan et des gentilshommes. Déjà l'on parlait tout bas de l'amour de Blanche et de Raoul, on s'expliquait difficilement que cela fût toléré par les parents de la bonne demoiselle, mais ce qu'on s'expliquait plus difficilement encore, c'est que Pierre Mahé ne s'aperçût de rien, et laissât continuer à son fils ses assiduités évidentes auprès de la jeune fille. Les envieux accusaient Pierre d'ambition, les indifférents lui reprochaient son aveuglement, et le chœur des envieux et des indifférents concluait uniformément à une catastrophe qui assurerait le malheur de Raoul.

Le vicomte de Douges connaissait par Raymond tout ce qui avait été dit à ce sujet.

Dès qu'il s'était trouvé en présence de Raoul, à qui ses remords attribuaient probablement à tort une ressemblance étrange, le vicomte avait mis son grison en campagne, pour se renseigner au juste sur l'identité du jeune homme. Il en avait appris tout ce que le lecteur en sait déjà, et s'était rassuré peu à peu sur le compte du héros roturier.

Mais les propos que nous venons de rapporter étaient allés comme toujours bien au-delà de la réalité. Jamais Raoul ni Blanche n'avaient eu l'occasion de s'avouer les senti-

ments qu'ils éprouvaient l'un pour l'autre.
Jusqu'ici ils étaient unis d'une part par l'amitié, de l'autre par la reconnaissance, et c'était tout. Pas un nuage n'avait glissé dans le ciel pur de leur union fraternelle, et il n'y a pas de doutes que s'ils eussent connu les bruits qui couraient sur leur compte, ils n'eussent agi avec plus de circonspection. Raoul était certainement d'un caractère trop fier, il avait trop d'amour-propre pour s'exposer à un refus humiliant. S'il croyait aimer Blanche, il aurait fui ; s'il l'aimait sans le savoir lui-même, il garderait un silence réservé.

« Quant à Blanche, elle était si jeune et si peu expérimentée des moindres choses de la vie, qu'il n'y avait à lui demander compte d'aucun de ses sentiments. Si elle aimait Raoul c'était avec une telle bonne foi et une telle candeur qu'elle ne s'en apercevrait elle-même que du moment où cet amour ferait explosion. Mais encore, cette jolie statue attendait-elle l'étincelle qui l'animerait, et la ferait entrer dans la vie par la porte toujours entr'ouverte des passions.

Lorsque Raoul arriva au château de Kerlédé, il y trouva le vicomte de Douges installé depuis la veille, et fort bien en cour. Son titre avait produit le meilleur effet auprès du père de Blanche, très-accessible aux petites vanités ; sa fortune lui donnait en outre un grand prestige, et il s'appuyait sur ces bases solides pour être impunément aimable avec la jeune fille, dont la candeur et les charmes paraissaient avoir produit sur lui une assez vive impression.

Raymond l'avait accompagné et se trouvait au château, au grand déplaisir de Marthe qui ne pouvait pas le souffrir.

— Hum ! — disait Raymond, en se frottant les mains, — ça va bien, ça va bien !

— De quel malheur sommes-nous encore menacés ? — lui demanda Marthe.

— Qu'est-ce à dire, cruelle ?

— C'est qu'on doit trembler quand vous vous réjouissez.

— Vous avez, je le vois, conservé de moi la plus flatteuse opinion.

— Et je ne suis pas près d'en changer, croyez-le bien !

— C'est bien mal reconnaître un amour comme le mien, car enfin, voilà plus de vingt ans que je vous aime.

— Bah ! cela ne vous a pas fait maigrir.

— Non, je me suis consolé.

— Cela se voit de reste, votre figure ressemble à une grappe de raisin.

— Méchante ! — dit tendrement Raymond, en essayant de saisir Marthe par la taille.

— Prenez garde ! — dit celle-ci en levant la main.

— Mais vous serez donc toujours la même ! — s'écria comiquement Raymond.

— Cela dépend ! je veux bien m'humaniser à une condition.

VIII.

— Laquelle ? j'y souscris d'avance.

— Je veux connaître tous vos secrets.

— Ouais ! — pensa Raymond, — nous verrons ça ! Et il ajouta tout haut : Je n'en ai jamais eu pour vous.

— Alors commencez par m'expliquer ce que signifient ces paroles : ça va bien, ça va bien !

— Cela veut dire que je vais être bientôt débarrassé d'une corvée désagréable.

— Laquelle !

— Celle d'approvisionner les amours de mon maître.

— Joli métier !

— Bah ! l'argent ne sent pas mauvais.

— Et qui vous fait espérer ?...

— Voilà ! — dit Raymond avec mystère, — j'ai remarqué que M. le vicomte vient très-souvent au château de Kerlédé...

— Eh bien?

— Or, il y a au château une ravissante jeune fille de dix-sept ou dix-huit ans, et....

— Par exemple !

— Il pourrait bien se décider à l'épouser.

— Lui ! Ah ! non pas, tant que je vivrai.

— Et pourquoi pas, dame Marthe ? — demanda Raymond en ricanant.

— Je l'étranglerais plutôt !

— Voyez-vous ça ! allons, calmez-vous, Marthe, tout cela n'est qu'une supposition que je faisais ; il n'y a rien de sérieux au fond. Avouez pourtant que cela n'a rien d'impossible...

— Ce n'est que trop vrai, — dit Marthe avec un énorme soupir.

— Dans ce cas-là, nous pourrions bien faire comme eux, qu'en pensez-vous?

— C'est trop fort ! — s'écria Marthe qui disparut en fermant violemment la porte.

Les suppositions formulées par Raymond avaient-elles un fondement solide? Tout devait le faire croire. Jamais le vicomte n'avait été attentif et aimable comme il l'était auprès de Blanche. Celle-ci recevait ces avances non-seulement avec froideur, mais encore avec une répugnance visible. Cette disposition d'esprit de la jeune fille, qui, sur un galant homme, eût agi d'une manière efficace et l'eût fait songer à une retraite honorable, provoqua au contraire chez le vicomte la colère et le désir, de sorte que ce qui aurait dû le repousser, fut au contraire ce qui alluma dans ses yeux le feu étrange dont ils brillaient.

Raoul s'en aperçut parfaitement dès qu'il fut arrivé auprès du groupe formé par M. de Kerlédé, le vicomte et Blanche, il en ressentit, sans s'en rendre compte, une douleur sourde qui se traduisit par un sourire amer qui vint glisser sur ses lèvres.

Hector se tenait à l'écart, il n'éprouvait pas une grande sympathie pour le vicomte et ne partageait pas l'enthousiasme de son père. Dès qu'il aperçut Raoul il se précipita au-devant de lui, comme si sa vue l'eût soulagé d'un grand poids.

— Enfin vous voilà revenu ! — s'écria-t-il.

— J'arrive de Nantes à l'instant, et je n'ai pas voulu perdre une minute pour apporter à M. le vicomte les clefs du château d'Escoublac, que je m'étais engagé à lui remettre.

— C'est parbleu vrai ! — dit le vicomte, — je ne pensais plus à cette plaisanterie. C'est aujourd'hui le 17 juin, ce me semble ?

— Vous l'avez dit, monsieur.

— Eh bien ! après-demain après-souper,

je partirai pour le château d'Escoublac, et j'y coucherai.

— Nous vous accompagnerons si vous le voulez, monsieur le vicomte.

— Oh ! c'est inutile, croyez-moi ! Veuillez me remettre ces clefs, et je vous donnerai des nouvelles des esprits du château d'Escoublac.

La famille était réunie devant le château, lorsqu'arriva de Nantes un courrier couvert de poussière.

L'attention fut soudainement distraite par cette apparition inattendue ; un valet courut ouvrir la grille, et revint porteur d'un pli cacheté qu'il remit à M. de Kerlédé.

Celui-ci en prit connaissance et le tendit à Blanche en lui disant :

— C'est à toi, ma fille, qu'il appartient d'en faire connaître le contenu.

Blanche prit le papier des mains de son père, et le parcourut avidement des yeux. Il était facile de voir à quelle émotion elle était en proie, car la lettre tremblait dans ses mains. L'agitation qui la dominait fut si vive qu'elle fut contrainte de s'asseoir.

Hector se précipita pour soutenir sa sœur, et jetant un coup d'œil rapide sur le papier, comprit de suite de quoi il s'agissait. Une joie profonde rayonna dans ses yeux.

— Allons, Blanche, du courage! — dit-il, — c'est à toi de le lui annoncer.

Raoul se tenait pâle et inquiet devant eux.

— Monsieur Raoul, — dit Blanche en se levant et en surmontant son émotion, — voici votre brevet de capitaine !

Raoul se précipita sur la main de Blanche qui retomba sur son siége, en même temps qu'il serrait convulsivement la main d'Hector.

M. de Kerlédé assistait en souriant à cette scène muette et attendrissante.

Enfin, lorsque Raoul se sentit un peu remis de la secousse violente qu'il venait d'éprouver, il se releva et s'inclina humblement devant M. de Kerlédé.

— Monsieur, — dit-il, — il y a un peu

plus d'un mois, vous me parliez de votre reconnaissance pour quelques services que je
fus assez heureux pour vous rendre. C'est à
moi qu'il appartient aujourd'hui de vous remercier, et de vous témoigner tout ce que
m'inspirent vos bontés ; quoique j'aie fait
pour vous, dans le passé, quoique je puisse
faire dans l'avenir, je ne saurai jamais reconnaître ce que vous faites aujourd'hui
pour moi. Je vous supplie donc de me considérer comme tout entier à votre disposition, et de m'estimer assez pour croire que
vous m'honorerez d'autant plus, que vous
aurez recours à mon dévouement.

— Je n'attendais pas moins de vous, monsieur Raoul, et je suis bien convaincu que
les bienfaits du roi ne pouvaient pas mieux
s'adresser.

— Peste ! — dit le vicomte en ricanant, — savez-vous, mon gaillard, que vous voilà presque gentilhomme !

XXI

Le cheval du capitaine.

Bien que Raoul eût reçu les félicitations
unanimes à propos de l'heureuse issue des
démarches faites par les amis de M. de Kerlédé, bien que la joie d'Hector et de Blanche
se fût manifestée bruyamment, son front
restait soucieux ; le compliment du vicomte

avait arrêté sur ses lèvres le sourire qui y était suspendu.

C'est qu'en effet, le vicomte de Douges avait mis, sans le savoir, le doigt sur la plaie secrète du jeune homme, c'est que son chagrin le plus mortel était de n'être pas né dans une condition élevée. Quoi de plus naturel ! Un héros doit-il être seul inaccessible aux passions humaines qui fermentent autour de lui ? Ce serait trop beau. Pourtant cette douleur cachée qui faisait pâlir le front de Raoul, qui comprimait subitement l'élan d'allégresse qui l'avait saisi, ce n'était pas de l'envie, c'était une sorte d'amertume dont les regrets le laissaient calme et résigné. Il avait, bien qu'il en souffrît intérieurement, le courage de sa fausse position.

C'est la tête remplie de ces idées, qu'il revint chez son père, lui faire part de l'heureuse nouvelle qu'un courrier venait de lui transmettre.

À la lecture du brevet, les yeux de Pierre Mahé étincelèrent de plaisir et se fixèrent sur ceux de son fils avec orgueil. Mais il entrevit le nuage qui obscurcissait le front de Raoul.

— Qu'y a-t-il de nouveau, mon cher Raoul, tu sembles triste et préoccupé? J'avoue que j'ai peine à m'expliquer cet air morose en présence d'un aussi beau résultat. Voyons, parle, qu'as-tu?

— Oh! rien, mon père.

— C'est une réponse qui n'en a jamais été

une, celle que tu me fais là. N'as-tu plus confiance en moi ?

— Oh ! mon père, que dites-vous ! — dit Raoul avec un accent de reproche.

— Alors, parle ! Comment, te voilà capitaine, toi, à vingt ans ! Et tu es soucieux !

— C'est vrai, j'ai tort !

— Tu as tort, tu as tort !... cela n'est pas prouvé, tu as peut-être raison ; mais, — ajouta Mahé avec sollicitude, — encore faut-il que je sache...

— C'est inutile, des enfantillages, des songes creux...

— Allons, Raoul, voilà la première fois que tu manques de franchise avec moi. Que crains-tu ? Ne suis-je pas plutôt ton ami que ton père? En vérité, si je ne te connaissais mieux, je croirais que tu dusses rougir de ce que tu me caches.

— Et vous auriez raison, mon père!

— Que dis-tu? C'est impossible!

— Cela est vrai, pourtant, et vous me jugez meilleur que je ne suis. Je vais me confier à vous, ce sera mon châtiment.

— Ton châtiment! Explique-toi, car je me perds en conjectures.

— J'ai des grâces à vous rendre pour l'éducation que vous m'avez donnée, mon père.

— N'est-ce pas bien naturel?

— Non, car je sais que vous n'étiez pas né dans une position de fortune qui vous

permit de le faire ; je sais que vous, qui ne
saviez rien à mon âge, avez eu l'insigne dévouement de vous faire élève afin d'être plus
tard mon professeur ; je sais que vous avez
consacré à ce soin pieux, huit années d'un
travail sans relâche. Est-ce naturel, cela ?
Combien de père en ont fait autant ?

— C'est qu'ils comprennent mal leur devoir, Raoul, ceux qui agissent autrement
quand ils peuvent le faire.

— Oui, vous avez des idées nobles et
grandes. Vous avez tout fait pour me les in-
culquer, et vous n'avez réussi qu'à faire un
ingrat.

— Toi, mon fils, un ingrat ! — dit Pierre
Mahé avec un sourire de doute.

— Oui, mon père, un ingrat ! Car savez-

vous ce qui se passe en moi! — continua
Raoul en s'animant par degrés, — c'est que
je rougis de vous, c'est que je suis le fils indigne d'un homme qui a tant fait pour moi,
que je devrais le vénérer comme un saint.
Oui, un ingrat! Car plusieurs fois déjà je me
suis surpris à regretter de n'être pas gentilhomme. Ah! que l'on a raison de dire que
l'homme est insatiable! Quelle piètre nature que la nôtre! J'ai été assez heureux
pour avoir un père dont la sollicitude a
écarté de mes premiers pas toutes les ronces
du chemin, j'ai une mère dont la tendresse
inquiète s'agite fièvreusement autour de mon
bonheur, et je souffre! Et je maudis presque
tous ces trésors que la Providence a semés
autour de moi! Et je me prends à regretter
de n'être pas le rejeton de quelque gentil-

homme ruiné ou flétri par le vice ! Tel est le fils que votre bonté a fait : là où vous avez semé le bon grain, vous récoltez l'ivraie. Maudissez-moi, mon père !

Et Raoul s'inclinait humblement.

— Tu t'égares, Raoul, tu t'exagères un sentiment que je comprends, et que j'ai peut-être contribué à développer dans ton cœur. J'ai eu le tort probablement de cultiver à l'excès les qualités généreuses dont la nature s'est montrée prodigue à ton égard. Si c'est une faute que j'ai commise, j'en accepte la responsabilité, quoique j'aie agi dans un but honorable.

— Vous, mon père, vous accuser ! Ah ! maudit soit le jour où de pareilles pensées ont pu traverser mon esprit. Mais il est temps encore de revenir sur mes pas ! Arrière ces idées de grandeur dont j'étais dévoré ! Arrière le démon qui a soufflé dans mon âme le feu dévorant de l'ambition ! Et quant à ce brevet destiné à me faire sortir d'une sphère que je n'aurais jamais dû quitter, qu'il soit anéanti !...

En disant ces mots, Raoul se dirigeait vers la table sur laquelle son père avait posé le brevet ; mais avant qu'il n'y fût arrivé, Pierre Mahé l'avait enlevé d'un geste rapide, et le tenant d'une main, tandis que de l'autre il contenait son fils :

— Calme-toi, Raoul, — dit-il. — Tu es d'une nature assez noble pour que je n'aie rien à craindre des suites d'une faute passagère et que ton aveu a si bien expiée !

Garde ce brevet de capitaine, songe que tu as vingt ans ! Songe que l'avenir ouvre devant toi ses portes mystérieuses, et que tu ignores ce qu'il te réserve. Un jour viendra, je l'espère, où les faits me justifieront, et où tu remercieras Pierre Mahé de ce qu'il a fait pour toi. La Providence a des voies inconnues, et bien impie est l'homme qui veut en pénétrer les décrets ! Aie confiance en elle, Raoul, marche fièrement et noblement dans le chemin de la vie ; elle te soutiendra par la main, et jusqu'à ce que tu aies atteint le but auquel tu dois parvenir, accepte avec reconnaissance les bienfaits que le ciel t'envoie.

— Que me parlez-vous de courage, à moi dont le cœur est abreuvé d'amertume, à moi

qui débute par l'ingratitude dans une carrière à peine entr'ouverte !

— C'est mal, cela ! L'homme est lâche qui
recule devant le danger ou qui n'a pas la
force de porter sa croix. Le jour approche
peut-être où tu seras récompensé de ces douleurs passagères. Accepte ce brevet, te dis-je,
et porte haut ton nom, puisque tu n'en as
pas d'autre. Rien ne te manquera pour soutenir avec éclat ta position nouvelle, et si tu
es marqué du doigt de Dieu pour devenir un
de ses élus sur la terre, rends-toi digne par
une conduite irréprochable du rôle auquel
il t'a prédestiné.

— C'est la première fois que j'entends
sortir de votre bouche de semblables paroles. Je ne crois pas qu'elles cachent un

mystère, mais, à coup sûr, elles annoncent une foi aveugle à laquelle je m'abandonne à mon tour. Soyez tranquille, mon père, le calme renaît après l'orage, et si le doute a pu se glisser dans mon âme, je veux racheter mon erreur par une soumission entière à vos moindres désirs.

— A la bonne heure, Raoul, et souviens-toi de ces paroles : Courage et confiance !

— Ah ! je n'aurai jamais d'autre devise, mon père !

Et Raoul, saisissant le brevet, embrassa Pierre et Marianne, et courut s'enfermer dans sa chambre.

Le surlendemain, Raoul avait donc franchement accepté sa nouvelle position ; il

s'était habitué, grâce aux paroles encoura-
geantes de Pierre Mahé, à la considérer sous
son côté avantageux, et, comme il arrive à la
jeunesse, le courage et la volonté aidant, il
entrevoyait déjà un avenir de bonheur après
avoir désespéré de tout.

C'est dans ces dispositions d'esprit qu'il
arriva au château de Kerlédé, où l'on était
convenu de se retrouver et d'où l'on devait
partir pour accompagner le vicomte de Douges jusqu'au château d'Escoublac. Hector
et Raoul, en attendant l'heure, se prome-
naient ensemble devant le château.

— Enfin, — dit Hector, — nous avons pu
trouver le moyen de te remercier et de te
prouver notre reconnaissance ! Te voilà capitaine !

— Hélas ! je crains bien de faire mauvaise figure sous l'uniforme.

— Toi ! Je parie bien cent pistoles qu'il n'y a pas un seul officier dans ton régiment qui n'enviera ta tournure.

— Flatteur ! — dit Raoul en riant.

— Bah ! tu le sais bien, tu fais de la modestie inutile, et quand tu seras campé sur un cheval de sang, plus d'une belle te dévorera des yeux ; car il te faut un cheval.

— Mon père m'a dit que je ne devais m'inquiéter de rien, qu'il me fournirait de quoi faire figure et payer ma bienvenue au régiment.

— Tant mieux ! Il est donc bien riche, Pierre Mahé ?

— Il faut le croire, — dit Raoul d'un air de profonde ignorance. — Dans tous les cas, —ajouta-t-il en forme de correctif,—ce dont je suis certain, c'est que la source de cette fortune est pure.

— Qui en douterait, le connaissant comme nous le connaissons tous? Il n'est assurément pas de père qui méritât mieux que lui d'avoir un fils tel que toi.

— Encore ! — s'écria Raoul. — M'assassineras-tu éternellement de pareilles fadaises !

— C'est à toi de ne pas les mériter.

En ce moment les valets d'écurie amenèrent trois chevaux tout sellés sur la plateforme qui se trouvait devant le château ; l'un d'eux appartenait au vicomte, l'autre était le favori d'Hector, le troisième était un genêt d'Espagne admirable de forme, et harnaché avec un goût et une richesse sévères et remarquables. Il était entièrement noir, son œil brillait d'un feu extraordinaire. ses naseaux s'ouvraient avec force pour aspirer l'air, sa bouche mâchonnait impatiemment le mors et le couvrait d'une blanche écume, il secouait la tête et hennissait bruyamment. Son épaisse crinière retombait en tresses soyeuses sur son cou nerveux ; sa croupe arrondie se terminait par une queue très-fournie, dont l'extrémité flottait jusqu'à terre, son poitrail développé reposait sur des jambes fines, dont les muscles ressortaient en ronde-bosse sur le poil noir et luisant de sa robe.

Raoul le contemplait avec cette admiration que l'on éprouve inévitablement devant un chef-d'œuvre de la création ou devant un objet d'art.

Blanche de Kerlédé se tenait debout sur le perron, et souriait malicieusement en voyant le regard admiratif qui s'échappait des yeux de Raoul. Son père se tenait également debout à côté d'elle et causait avec le vicomte de Douges, qui fixait obstinément la jeune fille, comme pour chercher à deviner ses plus secrètes pensées.

Raoul et Hector s'avançaient pour saluer, lorsque Blanche descendit au-devant d'eux, suivie de son père et du vicomte.

— Mon cher Raoul, — dit Blanche, — mon père s'est imaginé de reconnaître à sa façon une partie de tout le bien que vous nous avez fait, et c'est encore moi qu'il a chargée de vous l'annoncer.

— J'ignore de quel nouveau bienfait M. de Kerlédé veut me combler, — répondit Raoul, — je suis, en vérité, fort gauche et fort embarrassé à le remercier comme je le voudrais de tout ce qu'il veut bien faire pour moi, mais il ne pouvait pas choisir une plus jolie bouche que la vôtre pour m'en instruire.

— Mon père a espéré que vous voudriez bien accepter ce genêt d'Espagne, et m'a priée de vous assurer de nouveau de sa reconnaissance et de son estime.

Raoul, plein d'une émotion violente, se précipita vers M. de Kerlédé, dont il saisit la main. Il allait la baiser, lorsque celui-ci s'écria :

— Je suis trop convaincu de toute la générosité de vos sentiments pour souffrir, mon cher Raoul, que vous les traduisiez de la sorte. Si vous êtes réellement sensible au don que je vous fais, je suis récompensé, et au-delà, d'une attention qui n'a malheureusement pas le mérite d'être un sacrifice de ma part.

Raoul était tellement ému qu'il ne pouvait pas prononcer une parole, sa main essuya une larme furtive d'attendrissement qui perlait à sa paupière. C'est dans le cœur d'Hector qu'il déversa le trop plein de sa reconnaissance. L'exquise sensibilité dont il était doué était tellement remuée par ce nou-

veau témoignage d'affection de M. de Kerlédé, qu'elle ne trouvait pas de mots pour
s'épancher. Tout le discours qu'il aurait voulu
faire se résuma donc en une énergique
étreinte, par laquelle il remercia Hector de
tout le bien dont il était comblé par son père
et par sa sœur.

Le vicomte de Douges assistait impassible
à cette scène attendrissante. Quiconque l'eût
observé en ce moment eût pu remarquer que
ses sourcils se fronçaient d'une manière imperceptible, tandis que son pied frappait la
terre avec rage.

— Allons, messieurs, en selle ! — dit-il
enfin — et puisque vous voulez m'accompagner jusqu'à Escoublac, coupons court à
ces entretiens, et partons ! Je ne suis pas

fâché de voir comment notre nouveau capitaine se comportera sur ce manifique
cheval.

— Quant à cela, monsieur le vicomte, je
ferai de mon mieux, — dit Raoul en sautant
en selle avec une légèreté et une aisance in-
comparables.

Une minute après, les trois cavaliers disparurent dans un tourbillon de poussière,
tandis que, son chapeau à la main, Raoul
envoyait un dernier salut à M. et à mademoiselle de Kerlédé.

XXII

Le revenant.

Pendant que nos trois cavaliers disparaissaient sur la route qui mène à Escoublac, pendant que Raoul enchanté faisait exécuter à sa monture toutes les difficultés connues de l'équitation, au grand étonnement du vicomte de Douges, un homme d'une cinquantaine d'années au plus suivait, d'une allure plus modeste que celle des jeunes gens, le chemin de Nantes à Saint-Nazaire, et de Saint-Nazaire à Porcé.

La figure de cet homme est calme et n'indique guère d'autre passion que la sensualité, il a heureusement dans l'ensemble des traits une apparence d'énergie qui corrige ce que sa figure aurait de bonasse, Il est vêtu de noir de la tête aux pieds, comme un croquemort du dix-neuvième siècle, et son cheval marche paisiblement, la bride sur le cou. On voit que l'animal s'est depuis longtemps habitué à son maître, et réciproquement ; ils connaissent leurs goûts l'un et l'autre et se témoignent une confiance absolue. Ce cavalier paisible quitta brusquement le chemin qui se déroulait devant lui, et prit à gauche un sentier qu'il connaissait sans doute, car il ne manifesta pas la moindre hésitation.

C'était cinq minutes environ après que le vicomte de Douges, accompagné de Raoul et d'Hector, avait quitté le château de Ker-lédé. Le sentier conduisait aux bords de la mer et descendait capricieusement jusqu'à Porcé.

Il y a une chose à remarquer, c'est qu'un sentier n'est jamais droit, et lorsqu'il nous arrive d'en suivre un, nous nous demandons régulièrement à quoi pensait celui qui, le premier, en a tracé le contour.

Avouons cependant que notre homme ne se demandait rien de semblable, et qu'il paraissait absorbé par des préoccupations bien

autrement sérieuses ; car il hochait gravement la tête, en avançant la lèvre inférieure,
tandis qu'il cheminait ainsi paisiblement sur
son bidet.

Arrivé sur le sable qui tapisse la baie de
Porcé, il alla droit à la grille verte, servant
d'entrée à la maison de Pierre Mahé, se pencha sur l'encolure de sa bête pour ouvrir le
loquet de la porte, et s'introduisit sans plus
de cérémonie dans le jardin. Il confia son
cheval au garçon de ferme qui le regardait
stupidement, et pénétra dans la maison.

Pierre Mahé l'avait vu déjà sans doute, car
il ne détourna même pas la tête.

— Laisse-nous, femme, — dit-il.

Marianne s'en alla sans mot dire, après

avoir jeté au nouveau venu un sourire et un bonjour amical. C'était évidemment un habitué de la maison.

— Asseyez-vous, maître Lanoë, et causons, — dit Pierre Mahé.

— Je ne suis resté que trop longtemps assis, si vous le préfériez nous irions causer au bord de la mer, car il importe que rien ne soit entendu de ce que nous avons à dire aujourd'hui.

— Je suis à vos ordres.

— Où est M. Raoul?

— Il accompagne le vicomte.

— Où cela? au château?

— Oui,

— Alors nos projets tombent dans l'eau.

— Ils tiennent plus que jamais, car le vicomte n'a pas voulu souffrir que personne y pénétrât avec lui ; Raoul et Hector doivent l'attendre au village d'Escoublac.

— En ce cas, sortons.

— A quelle heure est la marée basse ?

— Dans deux heures.

— Très-bien, nous avons tout le temps, venez-vous ?

— Je vous suis.

Pierre Mahé se leva et suivit maître Lanoë au dehors, sans faire la moindre observation.

Là, au lieu de prendre le sentier tracé sur

l'arête de la falaise, ils suivirent tous deux le bord de la mer, tantôt marchant sur la plage sablonneuse, tantôt gravissant les rochers qui obstruaient leur passage.

— Ainsi, — disait maître Lanoë, — c'est bien convenu ; nous allons aussi au château ?

— Certes ! car si le vicomte est, comme j'en jurerais, le véritable meurtrier de mon défunt maître, j'espère acquérir dès ce soir la preuve morale de ce crime, auquel madame la vicomtesse a refusé de croire jusqu'ici.

— Malheureusement la preuve morale est insuffisante.

— Laissez-moi faire ! Les preuves matérielles viendront ensuite.

— De quelle façon ?

— Je l'ignore moi-même, mais il me les faut et je les aurai.

— Allons-nous au château par le même chemin ?

— Toujours.

— Alors, à quelle heure partons-nous ?

— Dans une heure. Le trajet est un peu long, il est en outre quelque peu difficile, et il importe que nous ne soyons pas surpris par la marée, car, vous le savez, il n'y aurait pas de salut possible.

— Si je ne me trompe, voici l'entrée du souterrain, — dit le procureur en désignant une excavation creusée dans la falaise,

— Silence, — dit Pierre Mahé étouffant le bruit de sa voix.

— Qu'y a-t-il encore?

— Ne voyez-vous personne là-haut?

— Si fait. Je vois un homme assez ventru qui nous regarde.

— Ne le connaissez-vous pas? — continua Pierre Mahé sans se retourner.

— Ma foi non! J'ai beau dévisager cette trogne insolente, je n'y distingue aucun trait de ma connaissance.

— Quand je vous aurai dit son nom, vous saurez tout.

— Et ce nom quel est-il?

— Raymond.

— Le valet de chambre du vicomte ?

— En personne.

— Et que vient-il faire par ici ?

— Son maître est depuis quelques jours installé au château de Kerlédé, et il rôde autour de moi. Je ne suis pas sûr qu'il m'ait reconnu, mais quant à moi je n'oublierai jamais la face de cet oiseau de mauvais augure.

— Si j'ai bonne mémoire c'est lui, m'avez-vous dit, qui a assassiné le chevalier ?

— Je n'en suis pas certain encore, mais c'est un des trois hommes que j'ai vus fuir à mon approche.

— Pourquoi ne pas l'avoir poursuivi ?

— Parce que je ne voulais pas croire que mon maître fût mort, et que je n'ai pensé qu'à lui. La présence de cet homme ici me gêne, elle va nous retarder. Rentrons à la maison, nous n'en sortirons que lorsqu'il se sera éloigné, et puisse le ciel écarter de nous ce funeste présage !

— Ayez confiance, Pierre Mahé ! lorsque Dieu permet que le méchant prospère, c'est qu'il veut le précipiter de plus haut dans l'abîme.

Ils regagnèrent tous deux la maison de Porcé, puis après s'être assurés que Raymond avait disparu, ils reprirent le même chemin qu'ils avaient suivi tout à l'heure, et pénétrèrent dans l'excavation que maître

Lanoë avait indiquée quelques instants auparavant.

C'est là que Blanche avait failli périr, et que Raoul était venu la sauver ; c'était le Trou des sorciers.

Dès que nos deux personnages se furent enfoncés dans les profondeurs de ce lieu redouté, une tête curieuse s'éleva insensiblement au-dessus de la falaise et se pencha pour bien se convaincre qu'il n'y avait plus personne.

— Ouais ! — dit tout haut ce personnage, — on se défie de moi ! Que diable vont-ils faire par là ? Il faut nous en assurer à l'instant.

Sur ce, Raymond, car c'était lui, descendit de la falaise avec toute l'agilité que sa corpulente masse pouvait lui permettre ; mais il avait trop compté sur son adresse, car au bout de dix pas, son pied glissa sur l'herbe , et cette cascade de graisse vint tomber en bas des rochers. Fort heureusement pour lui, le sable amoncelé par le vent amortit la violence de sa chute. Aussi se releva-t-il à grand'peine et tout en se promettant bien d'éclaircir ce mystère , il se promit aussi d'être plus prudent à l'avenir.

Raymond regagna, clopin-clopant, le château de Kerlédé, et comme il était tout contusionné, il se matelassa de compresses.

Pendant que se passaient ces divers événements, le vicomte de Douges était arrivé à Escoublac, toujours accompagné des deux jeunes gens.

— Vous ne voulez décidément pas que nous allions avec vous au château, monsieur le vicomte? — demanda Raoul.

— Non, messieurs, — répondit le vicomte — nous ferions peur aux revenants, si nous étions trop nombreux, je me charge de les mettre seul à la raison.

— Que Dieu vous aide, en ce cas! — dit Hector.

Nos trois cavaliers mirent pied à terre, et le vicomte de Douges se dirigea vers le château. Longtemps on le suivit des yeux, jusqu'à ce qu'enfin, ayant ouvert la porte d'entrée qui gémit sur ses gonds, on la vit se refermer derrière lui.

Lorsqu'il pénétra dans ce vieux manoir, le jour commençait à décliner insensiblement et prêtait aux objets déjà sombres qui l'environnaient, une teinte plus sombre encore. Henri de Douges ne put se défendre d'un certain frémissement, en songeant qu'il venait braver, jusque chez elle, l'âme de celui qu'il avait tué. Mais cette impression fut passagère, et il se mit à parcourir les appartements avec une apparente insouciance. Lorsqu'il eut acquis par lui-même la conviction que tout était parfaitement en ordre, ainsi que l'avait dit Raoul, le vicomte reprit une grande partie de son assurance, et résolut d'établir son quartier général dans le grand salon.

Ce salon était éclairé par quatre énormes fenêtres et tenait toute l'épaisseur du bâtiment. D'un côté, on avait la vue de la mer, et de l'autre, on voyait le paysage environnant, dont les contours s'effaçaient peu à peu dans le brouillard de l'ombre envahissante.

Le vicomte alluma deux flambeaux garnis de cire qui se trouvaient là, posa sur la table les deux pistolets qu'il avait apportés et se mit à regarder en détail les objets qui se trouvaient autour de lui. Tout à coup, il fit un soubresaut violent et fixa des yeux démesurément ouverts sur un des tableaux pendus à la muraille. C'est que son regard venait de rencontrer à la suite des portraits de ses ancêtres, celui du chevalier. Il portait son uniforme de capitaine aux gardes ; la ressemblance était tellement frappante, que le vicomte tressaillit malgré lui en présence de sa victime. Il eut un moment d'hallucination, pendant lequel il lui sembla que la figure souriante du chevalier s'animait à sa vue de courroux et d'indignation, il regarda instinctivement autour de lui et posa machinalement la main sur ses pistolets ; mais lorsqu'il contempla de nouveau le portrait du chevalier, celui-ci avait repris son sourire.

Pour secouer les idées qui l'assiégeaient, le vicomte se mit à marcher dans le salon, dont l'immensité permettait ce genre de promenade.

Une heure se passa ainsi, puis deux. Il

pouvait être environ dix heures du soir lorsque le vicomte se sentit pris d'un invincible sommeil ; il essaya d'abord de résister, puis il réfléchit que l'apparition ne devait avoir lieu qu'à minuit, qu'il avait par conséquent deux heures entières devant lui et qu'il pouvait sans crainte se laisser aller à dormir quelques instants. Il s'installa donc de son mieux dans le fauteuil qui se trouvait à sa portée, posa devant lui son épée nue, et céda au sommeil qui l'accablait.

Il fut réveillé par un bruit sec assez semblable à celui d'une porte qui se referme, il ouvrit les yeux, se précipita sur ses armes et remarqua, non sans quelque étonnement, que son épée avait disparu. Il se mit à

maudire, de toutes ses forces, la faiblesse
avec laquelle il avait succombé à cette fati-
gue passagère, et se consola bientôt en
voyant ses deux pistolets sur la table. Un ri-
canement expressif lui échappa, lorsqu'il se
fut assuré que les amorces étaient parfaitement intactes. Il ne pouvait pas douter
que quelqu'un, homme ou esprit, ne se fût
introduit auprès de lui pendant son sommeil, et ne lui eût dérobé son épée ; mais il
sourit de pitié en voyant qu'on lui avait
laissé des armes bien autrement meurtrières
entre les mains, et se promit bien de prendre
une éclatante revanche.

Raoul et Hector, accompagnés de tous les
paysans du village, instruits de la tentative
du vicomte, regardaient au dehors, la sil-

houette du château d'Escoublac qui se déta-
chait vaguement sur le ciel étoilé. Ils avaient
vu les fenêtres du salon s'éclairer, tandis que
le reste du bâtiment restait dans l'ombre.

Il était minuit, et rien encore n'avait pré-
sagé le retour des étranges apparitions sur-
venues chaque année le 19 juin à la même
époque, quand, tout à coup, les fenêtres de
la chapelle s'illuminèrent comme à l'ordinaire, un chant grave et morne se fit entendre, et deux coups de feu retentirent dans
le silence...

Peu à peu la terreur reparut plus violente
sur les visages... le chant continuait toujours, la chapelle resplendissait des mêmes
feux !

Chacun prêta avidement l'oreille, dans un moment d'attente inexprimable.

Les paysans s'enfuirent avec la conviction, désormais inébranlable, qu'il y avait là quelque sorcellerie.

Hector et Raoul regagnèrent le village.

A peine y étaient-ils arrivés, que le vicomte y accourait en désordre, désarmé, tête nue, les cheveux au vent. Il monta précipitamment à cheval sans adresser une parole aux jeunes gens, et disparut.

Hector et Raoul se mirent en selle, et se lancèrent à la poursuite du vicomte, en proie à une mystérieuse et involontaire épouvante.

[illegible]

XXIII

Les adieux.

Le vicomte arriva ainsi sans s'arrêter jusqu'au château de Kerlédé. En vain Raoul,
qui l'avait atteint, essaya-t-il d'obtenir de
lui une réponse, ce fut peine perdue, et
lorsque **M.** de Kerlédé vit arriver chez lui,
à trois heures du matin, ceux qui en étaient

partis si confiants, il dut nécessairement supposer qu'un grand accident était survenu. En cela, il fut réduit aux conjectures, car le vicomte, aussitôt arrivé, s'était réfugié dans sa chambre et s'y était enfermé.

On essaya inutilement de pénétrer auprès de lui, on employa toutes sortes de prétextes, on le crut malade, on lui offrit de le soigner, on n'obtint rien; il semblait qu'il fût devenu muet de terreur.

Raoul et Hector regrettèrent alors de n'avoir pas suivi leur inspiration et d'avoir laissé le vicomte entrer seul au château d'Escoublac, et s'abandonnèrent aux plus bizarres suppositions.

Lorsque vint le lendemain, le vicomte de Douges apparut la figure pâle et fatiguée, les yeux cernés par l'insomnie. Il alla lui-même au-devant des questions que chacun se proposait de lui adresser.

— Ne me demandez jamais ce que j'ai vu, — dit-il à ceux qui l'entouraient, — je ne le sais pas moi-même.

— Mais enfin, — demanda Raoul, — est-ce un homme? est-ce un esprit?

— Eh ! le sais-je, moi ! Qui diable survivrait à deux coups de pistolet tirés à bout portant?

Ce fut le seul détail qui échappa au vicomte relativement à l'événement dont il avait été victime ; le jour même il prit congé de ses hôtes et regagna ses terres.

Au moment où Raymond se préparait à

suivre son maître, la figure de Marthe apparut derrière lui. Un sourire railleur errait sur sa lèvre.

— Bonsoir, monsieur Raymond, — disait-elle.

— A revoir, madame Marthe, — répondit celui-ci d'un ton bourru.

— Si votre maître allait encore faire rencontre de quelque revenant, prenez garde !

— C'est bien ! A revoir !

— Ou adieu !

— Oh ! j'espère que non. J'ai trop de plaisir à vous voir, ma chère, pour employer un aussi vilain mot.

— Eh bien, je n'en dirai pas autant.

— Vous êtes mille fois trop bonne, je vous remercie.

Lorsque le vicomte et Raymond eurent quitté le château, chacun reprit à l'envi son sourire et sa gaîté. Il semblait que toutes ces poitrines qui se dilataient joyeusement fussent délivrées d'un poids énorme qui les accablait.

Blanche était bien aise de ne plus sentir peser sur elle le regard du vicomte, elle retrouva sa folle gaîté et ses allures de jeune fille ; elle s'abandonna de nouveau à son amitié pour Raoul dont elle partageait souvent les plaisirs avec son frère.

Raoul toujours bon, toujours complaisant, indiquait à ses amis les meilleurs endroits pour la pêche, il donnait toujours à Hector des leçons d'escrime, il lui avait fait faire dans cet art de rapides progrès.

Hector se laissait vivre insoucieusement, cherchant à tuer le temps de la manière la moins ennuyeuse, et voyait venir avec peine le moment où son ami allait le quitter pour rejoindre son régiment.

Quant à M. de Kerlédé, il vivait toujours aussi gravement. Lorsque son fils l'avait supplié de le laisser partir avec Raoul, il s'y était doucement opposé, lui faisant observer que tant que sa sœur ne serait point mariée, il fallait quelqu'un auprès d'elle. Or, il pouvait mourir d'un jour à l'autre, — disait-il, — et ne devait compter que sur Hector pour s'acquitter de ce soin.

Marthe avait révélé à Blanche quelques

mots de l'entretien qu'elle avait eu avec Raymond. Il ne lui avait pas été difficile de voir que Blanche éprouvait plutôt de l'aversion que toute autre chose pour le vicomte, et surtout qu'il n'avait jamais été question devant elle de ce projet d'union. Elle se rassura donc et sourit avec confiance à l'avenir.

Mais les paroles vagues qu'elle avait laissé tomber inspirèrent à Blanche une sorte d'effroi, dont rien ne pouvait la garantir que la présence ou l'image de Raoul. Sans qu'elle s'expliquât par quel effet bizarre elle échappait auprès de lui à ce cauchemar, elle rechercha davantage la présence de son ami, et vint attiser sans le vouloir le feu brûlant qui dévorait sourdement Raoul depuis que le vicomte était devenu l'hôte assidu du château.

En effet Raoul était parvenu à lire au fond de son âme. Dans le chaos confus de sentiments de reconnaissance qu'il ressentait pour la famille de Kerlédé, c'était toujours à Blanche que ses idées s'arrêtaient. C'est en elle que s'incarnait toute l'affection qu'il avait vouée à ses bienfaiteurs. Il l'aimait ! Mais à qui confier cet amour qu'il ne s'avouait qu'en tremblant ? Serait-ce à Blanche ? Irait-il récompenser de la sorte les bienfaits dont il avait été comblé par son père, en supposant qu'elle dût l'accueillir ? Serait-ce à Hector ? N'était-ce pas à son obligeante intercession qu'il devait sa position ? Non, il devait étouffer au fond de son cœur un sentiment qui le rendrait pour tous un objet de mépris ! Il devait consommer dans l'ombre le sacrifice de cet amour ! Car le même obstacle se dressait encore devant lui, il n'était pas gentilhomme !

Aussi Raoul dont le cœur était fort et vaillant, dont l'esprit était droit et juste, comprit-il qu'il ne devait pas rester plus longtemps auprès de Blanche ; il craignait que son courage ne vînt à faillir, et qu'un mot indiscret ne vînt trahir le honteux mystère qu'il enfouissait au plus profond de sa volonté.

Au bout de huit jours, lorsque son équipement fut complet, il annonça à son père qu'il partirait le lendemain pour Paris, et qu'il voulait fermement arriver à se créer un avenir.

— Je ne saurais trop te louer, — lui dit Pierre Mahé, — d'une aussi noble résolution ; et si jamais le courage venait à te manquer, si tu avais à traverser dès les premiers pas de cruelles heures de déboires, relève-toi ferme et fort pour lutter, jusqu'à ce que le ciel te récompense ! Marche dans la vie appuyé sur Dieu d'abord et ensuite sur ta conscience. Je t'ai donné une épée à laquelle je tiens plus qu'à tous les trésors que tu pourrais m'offrir ; ne la sors jamais du fourreau que pour une noble cause ! Si tu as à défendre ton honneur, fais-le vaillamment, mais ne te laisse pas entraîner à ces puérils sentiments qui font que l'on joue avec sa vie sans autre profit qu'une réputation peu honorable.

— Je vous remercie, mon père, des excellents enseignements que donne votre sagesse à mon inexpérience. Croyez que je ferai tout au monde pour les suivre et pour reconnaître par là toute la sollicitude que vous m'avez témoignée, tous les soins que vous avez pris de mon enfance.

— J'en suis convaincu, mon cher Raoul. Va donc prendre congé des habitants du château de Kerlédé, et demain matin tout sera prêt pour ton départ. Avec un bon cheval, une bonne épée et une bourse bien garnie, on va loin.

— Vous êtes donc riche, mon père ?

— Qu'importe ! Il suffit que tu ne manques de rien, car je ne suppose pas que tu puisses attribuer à une source honteuse l'or dont je dispose. Tu me connais trop, je l'espère, pour avoir une semblable arrière-pensée.

— N'en doutez pas.

— Tu as pu entendre circuler des bruits étranges sur l'origine des biens que je possède. Je n'ai rien fait pour les empêcher, parce que ma langue est enchaînée, parce que cela tient à un mystère qui ne m'appartient pas et que tu connaîtras un jour. Jusque-là jouis en paix de ces biens que ma main peut te prodiguer, car tu peux le faire hardiment. Sois convaincu que je n'aurai jamais à rougir devant toi.

— Soit! je me laisserai aller insoucieusement à jouir de tous les biens. Que puis-je
désirer en effet? — ajouta Raoul avec un
sourire de sarcasme, — je suis jeune, je suis
riche, j'ai déjà une position enviée... Ah!
tenez, mon père, je n'ai qu'un regret, c'est
de vous quitter. Votre amour est mon re-
fuge et ma sauvegarde; cette affection-là
du moins ne trompe jamais.

— Oh! merci, Raoul, — dit Pierre Mahé, —
ces sentiments sont ma plus douce récom-
-pense.

— Laissez-moi vous embrasser!

— Oh! de grand cœur! — dit Pierre en
étreignant Raoul dans ses bras.

Après un moment d'attendrissement, pendant lequel le père et le fils se confondirent dans un muet embrassement auquel Marianne assistait en souriant, Raoul se disposa à partir pour le château de Kerlédé.

En proie aux tendres émotions qu'il venait de ressentir, il parcourait d'un pied léger la belle avenue qui conduisait à la grille du parc. Mais lorsqu'il aperçut à travers le feuillage les blanches tourelles du château, lorsqu'il songea qu'il allait dire à la bonne demoiselle un adieu peut-être éternel, son cœur se serra et une tristesse morne envahit peu à peu tout son être. En vain appela-t-il à son secours tout son courage, en vain essaya-t-il de lutter avec son énergie contre ce voile qui venait obscurcir sa vue, il ne put arriver à dissiper le nuage qui étendait autour de lui son ombre épaisse.

Lorsqu'il arriva devant le château, il aperçut Blanche assise à l'écart, tandis que le vicomte de Douges se promenait familiè- rement au bras de M. de Kerlédé ; Hector marchait à côté d'eux.

Sans qu'il s'en rendît compte, Raoul sen- tit un frisson glacial parcourir son corps, et s'approcha de Blanche après avoir salué les hommes.

Il est des heures de découragement dans la vie, où l'âme, en proie à un pressentiment pénible, devine et attend douloureusement un danger inconnu. On ignore la nature de ce danger, on ne sait d'où il vient, on ne peut en deviner les conséquences, mais on le sent venir et on est résigné d'avance. On courbe la tête sous cette menace vague qui plane au-dessus de la tranquillité, et on attend dans une impatience douloureuse.

En apercevant le vicomte, Raoul éprouva précisément les impressions que nous venons de définir, et s'assit à côté de Blanche sans dire un mot. Il semblait, du reste, qu'il y eût entre ces deux âmes une étrange sympathie, car Blanche parut s'apercevoir à peine de la présence de Raoul tant elle était préoccupée. Pourtant elle jeta sur lui un long regard interrogateur, comme si elle eût voulu lire au fond du cœur de Raoul ou le provoquer à une confidence. On sentait peser sur ces deux jeunes gens une même atmosphère de tristesse et de douleur vagues, à laquelle ils se laissaient aller avec un abandon pénible, et contre l'influence de laquelle ils se sentaient sans forces. Ce fut Hector qui vint les arracher à cette somnolente torpeur.

— Ah çà ! — dit-il, — que faites-vous là tous les deux à vous regarder sans mot dire ?

— Rien, — répondit Raoul, — j'attendais, mon cher Hector, que vous eussiez fini de causer avec le vicomte, car je venais vous faire mes adieux.

— Et quand partez-vous ?

— Demain ! — répondit Raoul en poussant un énorme soupir.

— Grand Dieu, comme vous nous dites cela ! savez-vous que je voudrais bien être à votre place, ou du moins partir avec vous. Concevez-vous, mon cher Raoul, quel bonheur ce serait pour nous deux, de faire route ensemble pour Paris, d'y demeurer avec vous, d'y faire d'excellentes parties, de... que sais-je.

— Oui, je suis bien heureux, — dit Raoul d'un air funèbre.

— Vous n'avez pas l'air parfaitement convaincu de votre bonheur, Raoul?—demanda Blanche. —Pourtant qu'avez-vous à regretter ici? la province est triste et monotone, il faut à la jeunesse le bruit des grandes villes, le soleil de la cour.

— Ce sont là des choses fort à désirer, en effet, — répondit Raoul les dents serrées. — Quand on pense, — ajouta-t-il, — qu'il y a des gens assez niais pour préférer, à ce

fracas, les mystères de la charmille, la dou-
ceur des belles nuits d'été, l'amour d'une
pure jeune fille qu'ils ont entrevue! Pauvres êtres! natures bornées! Ne vaut-il pas
bien mieux vivre au sein de ce tourbillon
qui se nomme Paris, quitter sa famille, ses
plus chères affections, renoncer aux dou-
ceurs de l'amitié...

— Vous souffrez, mon cher Raoul? — dit
Hector.

— Moi! mais regardez-moi donc, mon
ami! n'ai-je pas l'air bien heureux! Ah!
tenez, il est temps que je parte, il le faut!
adieu!

— Ah! Raoul! — dit Blanche en fondant
en larmes, — ce n'est pas bien ce que vous
faites là. Il semble qu'au lieu de nous con-

soler, vous vouliez nous faire sentir davantage la douleur d'une séparation nécessaire.

— Pardonnez-moi, Blanche, — dit Raoul
en lui prenant la main qu'il serra dans les
siennes, — je suis fou !

— Pauvre ami ! — dit Hector, — calmez-
vous. Cette séparation ne sera pas de longue durée ! Je sais tout ce que votre cœur
aimant nous a voué d'affection et de dévouement, j'avais même caressé les plus
doux rêves pour l'avenir. Hélas ! pourquoi
faut-il que ce bonheur que j'avais rêvé s'é-
vanouisse aujourd'hui !

— Que dites-vous ? — demanda Raoul.

— Vous allez le savoir, — répondit Hector. — Venez, — ajouta-t-il en donnant la

main à sa sœur et en passant son bras sous celui de Raoul, — il y a de grandes nouvelles à apprendre. Puissent-elles être du goût de tout le monde !

Et Hector les entraîna dans la direction du château. Ils pénétrèrent ensemble dans le salon et y trouvèrent le vicomte de Douges assis à côté de M. de Kerlédé.

En traversant le vestibule, Blanche avait aperçu Marthe la figure bouleversée, les bras pendants, tandis que le valet de chambre du vicomte rayonnait de plaisir.

Blanche jeta sur son frère un regard interrogateur, et Hector sentit la main de sa sœur trembler dans la sienne.

[illegible]

XXIV

La demande en mariage.

Lorsque Blanche entra dans le salon accompagnée de Raoul et d'Hector, elle jeta autour d'elle un coup d'œil rapide, salua silencieusement et s'assit, sans mot dire, sur le premier siége qu'elle rencontra.

Tout le monde paraissait en proie à un

malaise indéfinissable; le vicomte lui-même, les coudes appuyés sur les genoux et la tête baissée, regardait sournoisement en dessous les nouveaux arrivés. Seul, le chevalier de Kerlédé se promenait de long en large, la figure rayonnante. Il contemplait tour à tour sa fille, son fils, le vicomte, Raoul, et paraissait étonné que tout le monde ne partageât pas sa joie. En somme, on aurait pu croire, d'après la physionomie des personnages, qu'un malheur venait d'arriver et que le chevalier en était ravi, tant sa jubilation faisait tache au milieu de la tristesse de tous.

Pourtant la situation était tendue, il fallait rompre à tout prix le silence glacial qui régnait dans le salon, et que troublait seul le bruit des pas de M. de Kerlédé.

— Mes chers amis, — dit-il, — je suis
d'autant plus content de vous voir réunis
autour de moi que j'ai une communication
importante à vous faire, et comme, en outre,
Raoul est assez de la famille pour se réjouir
de ce qui peut nous arriver d'heureux, je
suis enchanté qu'il prenne part à notre allégresse.

Personne ne bougea. Le bruit des paroles
prononcées par le chevalier ne trouvait pas
d'écho.

— Or, — continua-t-il, — voici ma fille
Blanche qui a dix-sept ans passés, et qui ne
s'en aperçoit pas. Mais d'autres l'ont vu et
me l'ont dit : ceux-là ne sont pas aveugles et
ont apprécié le trésor que je conservais re-

ligieusement. Lorsqu'une fille atteint sa dix-
huitième année, il est temps qu'elle songe à
autre chose qu'à des chiffons, il faut bien
qu'elle comprenne qu'elle a un rôle à jouer
dans la vie, et que le mariage...

— Que dites-vous, mon père, — dit Blanche en pâlissant, — ce n'est pas sérieux?

— Au contraire, ma fille, c'est très-sé-
rieux et je vais te le prouver à l'instant.

— Je ne comprends pas!

— C'est pourtant bien facile, car je t'ai
trouvé un mari...

— Mais je ne veux pas me marier... je...

— Bah! vous dites toutes la même chose,
et le lendemain vous êtes enchantées, je connais tous ces faux semblants-là.

— Mais, mon père, je vous jure...

— Oui ! oui ! ta mère en a dit autant, la sainte femme, et pourtant...

— Mais Blanche est bien jeune, — hasarda Hector.

— Dutout ! D'ailleurs la demande qui m'a été faite m'honore trop pour que je ne m'empresse pas d'y faire droit.

— Cependant, — poursuivit Hector, — si Blanche ne voulait pas se marier, il me semble qu'il ne faudrait pas lui imposer...

— Corbleu ! — s'écria le chevalier, dont l'entêtement dominait en ce moment toute autre impression, — est-ce donc un parti pris chez vous de me résister ?

— Non, mon père, — dit Blanche, — mais...

— A la bonne heure, — dit M. de Kerlédé d'un air terrible en fronçant le sourcil. — Suis-je ou non le maître ici? A qui doit obéir la famille? A qui devez-vous le nom que vous portez? N'aurai-je pris soin toute ma vie de le conserver sans tache, que pour n'en pouvoir pas disposer?

— Je vous en prie, monsieur de Kerlédé, — fit observer timidement le vicomte.

— Vous avez raison, cher vicomte, je m'emporte là bien à tort. Voici donc, — continua-t-il en s'adressant à ses enfants, — voici donc quels sont mes désirs, car je ne suppose pas que j'aie besoin de dire ma volonté. M. le vicomte Henri de Douges, chevalier des ordres du roi, m'a fait l'honneur de me demander la main de ma fille et je la lui ai accordée.

A peine ces mots étaient-ils prononcés, qu'obéissant à un mouvement nerveux dont il ne fut pas le maître, Raoul s'élança en avant.

— C'est impossible ! — s'écria-t-il.

Hector le prit par la main et chercha à le contenir, mais il n'était plus temps, Raoul s'était trahi !

Quant à Blanche, elle se leva comme mue par un ressort, enveloppa Raoul dans le rayon lumineux échappé de sa prunelle, et qui révélait tout le bonheur qu'elle éprouvait à se sentir aimée par lui ; puis, revenue tout à coup au sentiment de sa situation, elle se laissa retomber lourdement et ses larmes se firent jour.

— Je vous l'avais bien dit, — murmura le vicomte avec rage en s'adressant à M. de Kerlédé.

— Sans doute; mais je n'aurais pas osé croire à une pareille infamie...

— Permettez, chevalier, — dit le vicomte, — je ne veux pas être chez vous un brandon de discorde, et encore moins causer le malheur d'une personne aussi accomplie que mademoiselle Blanche. Certes, je l'aime, et je me sens pour elle autant d'affection sincère que qui que ce soit. Mais c'est précisément pour cela que je ne veux point insister, ni abuser de la faveur avec laquelle vous m'avez accueilli. Souffrez donc que je laisse à votre fille le temps de réfléchir. Je me retire et j'attendrai au château de Douges une réponse quelconque, je n'ai pas besoin de dire que je désire ardemment qu'elle me soit favorable.

— Elle le sera, je vous le jure ! — dit le chevalier.

Le vicomte savait bien ce qu'il faisait en jouant ainsi le désintéressement ; il n'ignorait pas qu'il attisait la colère du chevalier de Kerlédé, et que sa volonté n'en serait que plus tenace ; aussi réussit-il à merveille, à provoquer la fureur du père de Blanche.

— Je demande humblement pardon à mademoiselle, — dit-il en saluant pour se retirer, — de la scène pénible qui vient d'avoir lieu, et je la supplie de ne point avoir mauvaise opinion de moi. Quant à celle de monsieur, — ajouta-t-il en désignant Raoul avec mépris, — je n'y tiens nullement et ne veux point la connaître.

Il allait sortir, lorsque Raoul lui barra le chemin.

— Monsieur le vicomte ! — cria-t-il sourdement.

— Qu'y a-t-il, jeune homme ?

— Vous me rendrez raison de cette injure !

— Moi ! en vérité, — dit-il en riant et en se tournant vers le chevalier de Kerlédé, — voyez donc, monsieur... Mahé, je crois, qui se pique d'honneur ! c'est charmant ! Vous

vous oubliez, mon bon ! C'est trop fort ! Ah !
ah ! ah !

Et le vicomte sortit en éclatant de rire,
laissant Raoul stupéfait et littéralement
anéanti.

Blanche ne vit rien de ce qui se passait.
Absorbée et partagée tour à tour entre la
douleur et la joie, elle était étrangère à ce
qui s'agitait autour d'elle.

Hector seul comprit l'angoisse de Raoul,
et s'approcha pour lui redonner du courage et pour le consoler ; mais au moment
où il allait saisir la main de son ami, M. de
Kerlédé, pâle de colère, le repoussa violemment.

— Ainsi, — dit-il, — tout le monde est

ligué contre moi! ma fille, mon fils et jusqu'à ce...

— Mon père! — s'écria Hector.

Ce cri rappela fort heureusement au chevalier toutes les obligations qu'il avait con-
tractées envers Raoul, mais il fallait que sa
bile s'épanchât, et s'il ne perdit pas toute
mesure, du moins fut-il cruel.

— Monsieur, — dit-il à Raoul, — vous
avez sauvé ma fille et mon fils, je vous ai remercié. Je vous ai ouvert ma maison, parce
que j'ai cru avoir affaire à un homme de
tête et de cœur; je vous ai laissé vivre avec
Blanche et Hector, plein d'une confiance sans
bornes, et convaincu que vous ne la trahi-
riez jamais. Pour reconnaître ce que je vous
devais, je vous ai donné une position à la-

quelle vous n'aviez pas espéré atteindre. A votre tour, comment avez-vous reconnu mes bontés? Vous avez abusé de l'intimité pour inspirer à ma fille un amour honteux, vous avez surpris l'amitié de mon fils, vous m'avez aliéné leur affection, vous avez détruit le repos de ma vieillesse, à ce point que je les vois se dresser aujourd'hui entre vous et moi! C'est mal, monsieur, c'est très-mal!

— Vous vous méprenez étrangement, monsieur le chevalier, — dit Raoul relevant enfin la tête. — Si vous avez cru me payer de mon dévouement, je n'accepte point cette honte! Si j'ai surpris l'amitié d'Hector, c'est qu'il a bien voulu me la donner, si j'ai inspiré à mademoiselle Blanche un sentiment semblable à celui que vous avez nommé, j'atteste le ciel que je n'ai rien fait pour cela, que jamais un mot de ma bouche n'a révélé la passion qui me dévorait, et que je devais emporter ce secret avec moi. J'étais venu vous faire mes adieux, monsieur le chevalier, je pars demain, je quitte le pays où j'ai vécu, le foyer près duquel j'ai grandi! Rassurez-vous, je ne serai plus dangereux. Quant au brevet que je dois à votre intercession, je n'en veux point! Et maintenant, **monsieur,** nous sommes quittes!

Et Raoul déchira le parchemin qu'il jeta à ses pieds.

— Insolent! — s'écria le chevalier de Kerlédé. — Quoi! vous viendrez me braver jusque chez moi! Êtes-vous fou? Comment! lorsque vous me faites l'injure la plus grave qui puisse m'atteindre, c'est vous qui venez faire de la dignité ! C'est inconcevable, en vérité ! Sortez, monsieur, quittez à l'instant cette maison que vous avez souillée ! Oser prétendre à la main de ma fille ! Un... Mahé ! Sortez, vous dis-je, sortez !

Raoul sortit en chancelant ; il porta la main à ses yeux comme pour chasser le brouillard qui obscurcissait sa vue, puis adressant à Blanche un long regard d'adieu, il se précipita au dehors.

— Oh ! que je souffre ! — s'écria-t-il en comprimant les battements de son cœur.

C'est ainsi que se termina la scène qui, suivant M. de Kerlédé, devait combler de joie tous ceux qui y avaient pris part. Celui-ci, qui par son entêtement croyait faire

preuve de force de caractère, persista plus
que jamais dans le projet qu'il avait conçu.
Fasciné par le titre et les richesses du vicomte de Douges, il caressa l'idée de voir sa
fille dans une position brillante. Aussi dès
que Raoul eut disparu, il se tourna vers elle.

— Ma chère Blanche, — dit-il, — tu auras dix-huit ans dans six mois, je t'accorde
cet unique délai pour te soumettre aux désirs de ton père. Je veux en outre que, pendant ce temps, M. le vicomte soit parfaitement accueilli lorsqu'il nous fera l'honneur
de venir nous faire visite à Kerlédé. C'est la
réponse que je vais lui faire.

Blanche, anéantie, cacha son visage dans
ses deux mains, tandis qu'elle essayait en
vain d'étouffer ses sanglots.

— Entendez-vous? — s'écria M. de Kerlédé furieux,

— Mais, mon père, vous la tuez ! —fit observer Hector.

Le chevalier, attendri malgré lui par l'é-
tat dans lequel il voyait sa fille, ne voulut
pourtant pas avoir l'air de se laisser toucher
par ses larmes.

— Je vous ai dicté mes volontés, — dit-il
en se retirant, — il faut que tout le monde
s'y soumette, je le veux !

— Pauvre sœur ! pauvre ami ! — dit Hector, — j'avais rêvé mieux que cela pour
vous.

Et il entraîna doucement Blanche, qui se
laissa emmener par lui sans qu'elle eût con-

science de ce qu'elle faisait, tant ce coup inattendu l'avait douloureusement frappée.

Lorsque Raoul rentra chez son père, il avait le visage tellement bouleversé, que Pierre Mahé comprit qu'un événement des plus graves venait de se passer. Il le pressa tellement de questions, que le jeune homme désolé versa dans le sein de son père toute son affliction ; il lui confia l'amour insensé dont il était dévoré, les souffrances qu'il avait endurées, et la manière étrange dont cet amour avait éclaté malgré lui en présence de toute la famille de Kerlédé ; il lui raconta l'outrage qu'il avait reçu du vicomte.

Raoul s'attendait à recevoir de son père un blâme énergique ; il croyait que Pierre

Mahé allait lui reprocher sa conduite. Quel fut donc son étonnement lorsque celui-ci lui dit :

— Espère, Raoul ! Tu entres dans la vie par un chemin pénible ; ton cœur est brisé, ton amour-propre a été froissé, tu trouveras au bout de ces peines la récompense de tant de maux. Quitte ce pays pour quelques mois, va à Paris, tu y étudieras mieux en le voyant de près ce bon ton de la noblesse française, à l'école de qui je n'ai pu t'élever. Personne mieux que toi n'a le cœur d'un gentilhomme, prends-en hardiment les allures.

— Que dites-vous, mon père? — s'écria Raoul étonné.

— Ce langage t'étonne, mon cher Raoul,

et pourtant c'est le seul que je puisse employer avec toi. Conserve si tu le veux au fond du cœur cet amour qui fait ton bonheur, mais j'exige de toi le serment que tu ne tireras jamais vengeance de l'affront que tu as reçu aujourd'hui.

— Quoi, mon père, vous défendez le vicomte !

— Je ne le défends pas, j'obéis à une volonté plus forte que la mienne, à celle de la fatalité. Un jour viendra où tous ces mystères s'expliqueront pour toi. Jusque-là, jure-moi que tu laisseras le vicomte en paix. Dieu se chargera sans doute du soin de le punir un jour !

— Il ne m'appartient pas d'apprécier les motifs qui vous font agir, mon père, mais

quels qu'ils soient, je vous jure de vous obéir
aveuglément.

— Je te remercie, Raoul ; à mon tour je
te ferai une promesse qui, je le pense, adou-
cira pour toi la rigueur de l'exil. C'est aujourd'hui le 23 juin, reviens ici le 25 janvier prochain. Jusque-là, je m'engage à empêcher par tous les moyens possibles le mariage de mademoiselle de Kerlédé avec le
vicomte de Douges.

— Hélas ! à quoi bon ce délai ! — soupira
Raoul.

— Il peut survenir un changement dans
ton état, qui bouleverse tout. Ne me demande pas d'explications, je ne puis t'en
donner. Qu'il te suffise de savoir que ce

mariage n'aura pas lieu, crois-moi et aie confiance.

— Soit ! mon père. Je me laisserai mener par la main dans les ténèbres qui m'environnent, mais je ne veux m'engager à rien passé ce délai. Je prétends alors donner cours à ma haine contre le vicomte, car, je le jure à mon tour, s'il doit épouser Blanche, je saurai bien l'en empêcher !

— Pas de vaines menaces, mon cher Raoul, songe à quitter dès demain le pays. Tu iras à Nantes, chez maître Lanoë, qui te remettra de l'argent, et à qui tu n'auras qu'à en demander chaque fois que tu en auras besoin. Dors tranquille, et demain matin j'irai avec toi jusqu'à Nantes.

Raoul ne ferma pas l'œil de la nuit, en

dépit des recommandations de son père, et lorsque celui-ci vint le prendre le lende-main matin, il le trouva debout et prêt à partir.

Trois heures après, Raoul, monté sur un magnifique cheval que Pierre Mahé venait de lui acheter à l'instant, la bourse bien garnie et l'épée au côté, prenait la route de Paris, songeant aux mystérieuses paroles que son père lui avait adressées la veille.

Peu à peu, les sombres pensées qui l'as-siégeaient se dissipèrent, et l'image de Blan-che lui apparut souriante, adoucissant les fatigues du chemin.

XXV

Où Raymond a grand peur.

Six mois se sont écoulés depuis l'époque
où se sont passés les événements que nous
avons décrits dans la première partie. Le
lecteur doit se rappeler que c'était le délai
accordé par le chevalier de Kerlédé à sa fille
pour épouser le vicomte de Douges. En vain.

Blanche a-t-elle, à plusieurs reprises, essayé
de fléchir le courroux de son père. Celui-ci,
ébloui par le titre et les richesses de son fu-
tur gendre, qu'un ordre récent du ministre
venait de rappeler enfin à la cour, a per-
sisté plus que jamais dans l'idée fixe qu'il a
conçue, et le mariage a été définitivement
fixé au 15 janvier, époque à laquelle le vicomte doit être de retour du voyage qu'il a
dû faire à Paris.

En homme prudent, le vicomte a laissé au
château de Kerlédé son valet de chambre,
Raymond, pour surveiller les allées et venues qui s'accompliraient devant lui.

Celui-ci, comme par le passé, a continué
de faire enrager dame Marthe qui n'en peut
mais, et sous les dehors d'une feinte bon-

homie, il a constamment eu les yeux sur Pierre Mahé, dont il se défiait, et dans lequel il lui avait été facile de retrouver l'ancien serviteur du chevalier d'Escoublac.

Raymond qui ne croyait pas aveuglément, comme les paysans, aux prodiges accomplis par *la Menille* de Marianne, et qui savait fort bien qu'une caisse vide ne se remplit pas d'or toute seule, s'était pris à réfléchir sur l'origine de la fortune dont jouissait évidemment le père de Raoul. Il n'en avait pas trouvé d'explication suffisante, mais, à défaut de bonnes raisons, il avait flairé un mystère dont il lui fallait la clef.

Lorsque Raymond avait, de sa main, assassiné le chevalier d'Escoublac pour gagner ses trois mille pistoles, il était accompagné de deux hommes choisis par lui, mais dont l'existence le gênait. C'étaient, en effet, deux témoins fort importants d'un meurtre qui avait besoin de rester enseveli dans l'ombre, et dont il fallait se défaire à tout prix. Lorsqu'il fut de retour à Douges, maître Raymond se mit donc en campagne pour trouver les deux spadassins qui l'avaient aidé à accomplir ce forfait, et au moment où il allait mettre la main sur l'un d'eux, il apprit que le chevalier de Bretteville avait été trouvé mort aux environs de Nantes, et qu'il avait enfin reçu la récompense de la longue série de crimes par lui commis. Raymond poussa un énorme soupir de satisfaction en apprenant cette excellente nouvelle.

— Et d'un ! — dit-il, — maintenant, à l'autre !

Mais en dépit de toutes les recherches qu'il fit, il ne put parvenir à trouver le second, et il dut se contenter de croire qu'il avait probablement succombé comme le premier. Cette idée, qui n'était pas dénuée de fondement, rasséréna un peu le front de notre ivrogne qui se laissa vivre avec plus de sécurité, mais qui voulut avoir le cœur net du mystère dont s'enveloppait Pierre Mahé.

Or, Raymond était fort adroit, il avait vu plusieurs fois Pierre se diriger du côté du *Trou des Sorciers*, il avait fait activement sentinelle depuis la disparition jusqu'au retour de son ennemi, et avait acquis la conviction intime que ce souterrain devait aboutir quelque part ; aussi résolut-il d'expérimenter par lui-même, de connaître cette

issue mystérieuse, et peut-être par conséquent le secret du père de Raoul. De son
côté, Pierre Mahé avait parfaitement remarqué les démarches de Raymond, et bien qu'il
eût l'air de ne point y faire attention, il ne
le quittait pas des yeux, ou bien ne s'éloignait
jamais assez pour ne pas voir tout ce qu'il
voulait. Il réussit à merveille à laisser croire
à Raymond qu'il ne l'avait point aperçu, et
même il atténua aux yeux de celui-ci la
portée du mystère dont il avait voulu s'en-
tourer jusqu'alors.

Pierre Mahé se rendit en conséquence
plus souvent que jamais au *Trou des Sorciers*, et chaque fois qu'il apercevait Raymond sur la falaise, se cachant de son mieux
pour l'épier, il continuait tranquillement
son chemin en sifflotant comme s'il n'eût

rien vu, et faisait de longues stations dans cet épouvantable souterrain. Raymond finit par vaincre sa prudence habituelle, il triompha de sa poltronnerie, et se lança sur les traces de Pierre, dans l'antre redouté, pour connaître enfin le secret qu'il avait à cœur d'approfondir.

Lorsqu'il y pénétra, ses yeux ne distinguèrent d'abord aucun des objets environnants. La transition brusque de la lumière aux ténèbres le plongea dans une obscurité complète ; mais lorsqu'il s'y fut habitué par degrés, il jeta autour de lui un regard scrutateur, et ne voyant pas d'autre issue qu'un trou à peine suffisant pour que sa grosse masse pût y passer à plat ventre, il se disposa à s'y risquer. Déjà sa tête était engagée dans l'étroite chatière formée par les rochers amoncelés, lorsqu'une main se posa sur son épaule et le retira violemment en arrière, en même temps qu'un sinistre éclat de rire fit retentir les échos.

— Enfin, je vous tiens, maître Raymond ! — dit une voix.

Raymond se dégagea insensiblement, et surmontant la peur qui le paralysait, il hasarda un regard sur l'étrange interlocuteur qui se trouvait devant lui. Ses dents claquaient de terreur, ses cheveux étaient hérissés, sa grosse face rubiconde était presque devenue pâle.

— Ne craignez rien, — reprit la voix, — je ne suis point un méchant sorcier.

— Pierre Mahé ! — s'écria Raymond stupéfait en reconnaissant celui qui lui parlait.

— En personne, ne vous déplaise ! Voici assez longtemps que je faisais tous mes efforts pour provoquer cette heureuse rencontre. Ah ! vous surveillez les gens, maître sot ! Mais vous vous trompiez ! C'est moi qui vous surveillais et qui voulais vous attirer ici.

Raymond se mit à trembler de tous ses membres.

— Je suis mort ! — s'écria-t-il.

— Or savez-vous pourquoi ? — continua tranquillement Pierré Mahé ; — je vais vous le dire. C'est qu'ici vous êtes éloigné de tout secours humain ; c'est que vos cris ne pourront point être entendus de la falaise, et que nous serons fort tranquilles pour causer ; c'est que, surtout, la mer sera là dans une heure. Ainsi donc écoutez-moi ; car je vous donne ma parole d'honnête homme que vous ne sortirez d'ici que si je suis satisfait de vos réponses.

— Je ne comprends pas pourquoi vous prétendez me faire violence, — répondit Raymond qui se rassura en voyant à qui il avait affaire.

— Soyez tranquille, je ne vous ai tendu ce piége que pour vous faire savoir ce que j'exige. Pauvre niais ! vous vous êtes laissé prendre comme un étourneau, et depuis vingt ans que je patiente, je touche enfin, peut-être, à l'heure de ma vengeance !

— Depuis vingt ans, dites-vous ?

— Oui, depuis le meurtre de mon maître, le chevalier d'Escoublac, lâchement assassiné par vous.

—C'est un infâme mensonge! c'est faux! — hurla Raymond éperdu.

— J'en suis certain! Je ne veux point discuter avec vous, je sais que vous êtes la fourberie et la lâcheté incarnées, mais vous n'aurez la vie sauve qu'à la condition de nommer tous vos complices. Que m'importe de savoir qui a tué; je sais que le coup vient du vicomte, mais vous étiez trois à le faire, il me faut le nom des deux assassins qui vous ont assisté.

—Parbleu! maître Pierre Mahé, je vous trouve jovial! mais je veux sortir d'ici et j'en sortirai, — dit Raymond, tirant un poignard caché sous ses vêtements.

— Jetez cela; — dit Pierre Mahé sans sourciller.

— Ah ! vous ne vous attendiez pas à cela, — répondit Raymond en ricanant. — C'est une bonne lame, je vous le jure, allons, place !

— Jetez cela, vous dis-je !

Raymond, qui s'était avancé fièrement, recula tout à coup précipitamment et tomba sur ses genoux, en voyant devant ses yeux les canons de deux pistolets.

— Jetez donc cela ! — répéta Pierre Mahé en riant.

Lorsque Raymond eut laissé tomber d'un

air de découragement profond l'arme désormais inutile qu'il tenait à la main, Pierre Mahé continua :

— Vous croyez donc que je ne suis pas homme à prendre mes précautions avec vos pareils, maître Raymond? Vous avez donc supposé que je viendrais stupidement offrir ma poitrine nue à la lame de votre poignard ! Non, sachez-le bien ! J'ai une vengeance à accomplir, il me la faut ! Ce n'est pas à vous que je m'en prendrai, vous n'êtes que l'instrument stupide acheté à force d'argent ; vous êtes bas, vous êtes vil, vous êtes lâche, et j'avais d'abord pensé à vous acheter à mon tour. Vous avez reçu deux ou trois mille pistoles, je voulais vous en offrir dix mille... mais j'ai réfléchi ! J'ai songé que vous ne valiez pas la somme dont j'aurais pu disposer aux dépens de celui qui aura le droit de m'en demander compte, et alors j'ai choisi l'arme dont vous vous êtes servi vous-même. Ne croyez pourtant pas que je veuille me salir de votre sang, je ne suis pas descendu assez bas pour me couvrir ainsi de boue! Votre punition, la voilà! — dit Pierre Mahé, en étendant son bras vers l'Océan. — Voyez-vous la mer monter, re-gardez-la bien pour savoir ce qui vous reste de minutes à vivre! C'est le ciel qui se char-gera de vous punir!

Et Pierre Mahé, après avoir jeté au loin le poignard de Raymond, déchargea en l'air les deux pistolets dont il était armé.

— Mais, — s'écria Raymond, — vous mourrez donc aussi!

— Oui, mais je serai martyr! — répon-

dit Pierre Mahé dont le visage rayonnait. —
Voyez-vous la mort s'avancer, voyez-vous
l'écume blanchâtre s'étendre en bouillon-
nant et couvrir les rochers, la voyez-vous
envahir peu à peu le sable uni de cette
baie! Lâche! vous tremblez! mais regardez-
moi donc! Ai-je peur, moi? C'est que le
remords s'agite en vous, c'est que votre
conscience se soulève sous le poids des crimes dont vous l'avez surchargée! Moi, j'espère en Dieu, j'ai fait le bien toute ma vie,
j'ai foi! L'heure de ma mort sera celle de
ma récompense, la vôtre est l'heure de votre
châtiment. Repentez-vous, il en est temps
encore!

— Eh bien! — s'écria Raymond, — je
mourrai, mais j'aurai du moins la satisfaction de te voir mourir avec moi. — Je te hais,

Pierre Mahé, de toute la force de mon âme, car tu es maître d'un secret qui m'importe plus que la vie !

— Soit, — répondit celui-ci — mourons, et que la volonté de Dieu s'accomplisse !

Un profond silence s'établit alors entre ces deux personnages. Raymond blanchissait et pâlissait à mesure qu'il voyait s'avancer fatalement la marée ; il ouvrait démesurément les yeux en présence de cet instrument aveugle et implacable qui le menaçait de plus en plus. Pierre Mahé souriait, tandis que ses lèvres semblaient s'agiter pour la prière.

Au bout d'une heure, une lame furieuse pénétra dans l'intérieur de la grotte et vint expirer à leurs pieds.

— Repentez-vous! — dit Pierre Mahé,
— voici venir la mort!

— Grâce! grâce! — hurla Raymond, —
je veux vivre!

— Je t'ai dit qu'il me fallait ces trois
noms.

— Je vous les donnerai.

— Dépêche-toi!

— L'un d'eux est mort, il se nommait le
chevalier de Bretteville.

— Bien! et l'autre?

— L'autre, je l'ai bien cherché, mais je
n'ai pu le retrouver.

— Son nom! — demanda sèchement
Pierre Mahé.

— D'Artenay.

— Le troisième, c'est vous. J'en sais assez maintenant, vous n'avez plus qu'à signer, — dit Pierre en tendant à Raymond un parchemin sur lequel il venait de remplir par les noms désignés, les blancs qui s'y trouvaient.

— Signer quoi ?

— Cette déclaration.

— Jamais ! Je ne signerai pas !

Raymond éperdu chercha à fuir, mais Pierre Mahé le contint vigoureusement d'une main, tandis que de l'autre, il lui montrait le papier fatal.

L'eau commençait à leur couvrir les genoux, et encore il fallait pour sortir de là, gagner pour remonter sur la falaise un endroit favorable.

— Donnez, — dit Raymond, — je signe !

— A la bonne heure ! — et maintenant, fuyez, si vous le pouvez !

Raymond ne se le fit pas dire deux fois. Le danger lui donna une force et une agilité qui lui étaient inconnues, il était arrivé sur la falaise avant que son ennemi, plus calme, ne l'eût atteinte. Il est vrai de dire qu'il avait les mains et les genoux en sang.

— Ah ! je te retrouverai ! — dit-il en faisant un geste menaçant à Pierre Mahé.

— Je t'ai arraché tes dents, vipère ! — répondit celui-ci en lui montrant le parchemin, — tu ne peux plus mordre !

— Non, mais je puis t'étouffer encore.

— Essaye-le donc ! — répondit Pierre Mahé en haussant les épaules, et il s'éloigna.

— Enfin ! — se disait-il, — la vicomtesse ne doutera plus maintenant, j'ai les preuves !

De retour à la maison de Porcé, il hésita longtemps à savoir en quel lieu placer cet important document.

XXVI

Dans la salle du Pigeon-Blanc.

Raymond se garda bien de divulguer l'é-
chec que son astucieuse adresse avait
éprouvé, et bien que ces événements eussent précédé le départ de son maître pour
Paris, il étouffa avec soin la rage dont son
cœur était gonflé, bien résolu à ne révéler

sa honte que le jour où il aurait trouvé le moyen d'y remédier.

Il est, en effet, fort probable que si le vicomte eût su que Pierre Mahé avait entre les mains la preuve écrite de son crime, il ne fût pas parti, ou du moins il eût été en proie à tous les tourments d'une conscience bourrelée de craintes et de remords.

La première visite que fit le vicomte à Paris fut, comme on le pense, pour le ministre dont il s'était fait l'esclave docile, et dont il servait la politique cauteleuse. Ivre de joie, en voyant qu'il avait été rappelé à la cour, il pensait qu'on avait besoin de lui, et que sa disgrâce passagère ne ferait que mieux apprécier dans l'avenir la portée des services qu'il pourrait rendre.

Ce fut donc la tête haute et la poitrine dilatée, que ce courtisan vulgaire se présenta dans l'antichambre de l'Excellence. Il donna bien haut son nom à l'huissier de service, convaincu qu'il allait passer sans obstacle avant le flot de solliciteurs qui assiégeaient la porte ; mais l'huissier, qui était allé annoncer sa présence, revint et le pria d'attendre. Le vicomte qui connaissait mieux que tout autre la valeur de ce mot là ne se fit pas prier, et dissimulant une forte grimace, il se mit en devoir de dévisager les personnages qui l'entouraient. Il y retrouva ses anciennes connaissances qui ne doutèrent pas, en l'apercevant, qu'il n'eût été rappelé par le premier-ministre, et qui dès lors lui firent un accueil charmant.

L'arrivée d'un personnage inconnu fit tourner toutes les têtes du côté de cet intrus, qui venait sans doute essayer de dérober quelques bribes du pouvoir à la rapacité de tous les oiseaux de proie qui se trouvaient là.

Cet homme était vêtu d'un costume sombre et de couleur uniforme, qu'il portait avec une grande aisance. Un feutre cachait ses traits et laissait apercevoir un linge légèrement ensanglanté qui entourait le front du nouveau venu. Lorsqu'il se découvrit en entrant, chacun vit avec étonnement paraître un visage de vingt ans, et le vicomte, plus stupéfait que les autres encore, reconnut Raoul Mahé.

— Vous ici, jeune homme ! — s'écria-t-il.

Pour toute réponse, Raoul tourna le dos au vicomte.

— Morbleu! jeune homme, n'entendez-vous pas que je vous parle? — dit le vicomte avec hauteur.

Celui auquel il s'adressait pouvait, en effet, paraître être affligé de surdité, car il ne fit aucun mouvement et continua à promener ses regards autour de lui.

— En vérité! — s'écria le vicomte pâle de courroux, — il est indigne de voir jusqu'où est poussée l'insolence de ce manant! Vous avez besoin d'une leçon, messire Raoul, et je me charge de vous la faire donner, j'en dirai deux mots à Son Excellence.

Raoul s'appuya nonchalamment au chambranle d'une porte, croisa lentement ses jambes et ses bras et se mit à dévisager le vicomte avec un sang-froid qui acheva de pousser celui-ci hors de ses gonds.

— Je vous ferai bien retrouver l'usage de la parole, mon jeune fat! Tenez, messieurs, — continua-t-il en s'adressant aux courtisans qui l'entouraient, — voici un jeune serpent que M. de Kerlédé a réchauffé dans son sein. Or, savez-vous comment ce rustre a reconnu tant de bienfaits? Il s'est épris d'amour pour la fille de celui qui l'avait tiré de la boue et l'avait fait capitaine, il a réussi à surprendre l'amitié de son fils et de sa fille! Et comme il a été honteusement chassé, il est venu chercher fortune à Paris, espérant réussir, à force d'intrigues, sans doute, à faire de nouvelles dupes! Je

vous le signale, afin que si l'un de vous, sé-
duit par son grand air et sa bonne mine,
avait la malheureuse idée de lui donner son
appui, il prenne garde à l'honneur de ses
filles.

— Monsieur, — dit froidement Raoul en
s'approchant du vicomte de manière à le
toucher, — rendez grâce au ciel de ce que
je me suis engagé par serment solennel à
ne point relever vos outrages, car vous
m'auriez depuis longtemps rendu raison de
vos insultes.

— J'aime à voir que vous êtes prudent,
jeune homme, et voilà un serment qui serait
venu fort à propos, si j'avais jamais daigné
descendre jusqu'à me mesurer avec le fils
d'un ancien valet.

— Mettez le comble à votre infamie, monsieur le vicomte! mais un jour viendra où je saurai vous prouver que ce n'est pas ma lâcheté qui s'abrite derrière un serment dérisoire. Lorsque je serai dégagé de ma parole, et ce sera bientôt, nous réglerons nos comptes ensemble, que vous le vouliez ou non.

— En vérité! — dit le vicomte en ricanant, — je ne serais pas fâché de savoir comment vous vous y prendrez?

— Oh! c'est bien simple, jugez-en! Si vous ne daignez pas descendre jusqu'à vous faire tuer par l'épée du sieur d'Escoublac, que voici, et qui est aussi noble que la vôtre, je prendrai une canne assez flexible pour qu'elle ne se casse point sur votre noble échine avant que vous ne puissiez plus vous relever.

Les rires de tous les assistants éclatèrent bruyamment, tandis que le vicomte, ivre de colère, se précipitait vers le cabinet du ministre.

Mais la scène qui venait de se passer avait tellement absorbé l'attention des courtisans, qu'ils n'avaient pas remarqué que la porte du cabinet du ministre s'était ouverte, et qu'il se tenait debout sur le seuil contemplant, le sourire aux lèvres, ce qui se passait sous ses yeux.

Se dirigeant du côté de Raoul, tandis qu'il repoussait de la main le vicomte qui s'avançait vers lui, il l'enveloppa d'un regard de connaisseur.

— Est-ce vous qui vous nommez Raoul ? — demanda le ministre.

— Oui, monseigneur, — répondit Raoul ; — vous m'avez fait demander ?

— C'est bien vous qui logez au *Pigeon-Blanc ?*

— Rue Saint-Honoré. Oui, monseigneur.

— Suivez-moi !

Et il rentra dans son cabinet suivi de Raoul, laissant tous les solliciteurs plongés dans la stupéfaction, et le vicomte profondément humilié.

Dès que Raoul eut pénétré dans la pièce sombre où le ministre donnait ses audiences, et qui était disposée de telle sorte que l'interlocuteur du ministre se trouvât exposé au grand jour, tandis qu'il était dans l'ombre, l'Excellence enveloppa le jeune homme d'un regard scrutateur qni s'adressa du même coup à l'âme et à l'enveloppe. Sans doute, ce premier coup d'œil prévint le ministre en faveur du jeune homme, car il se mit à sourire, ce qui était chez lui le signe infaillible d'une satisfaction poussée à ses dernières limites.

Raoul attendait que l'Excellence lui eût adressé la parole, car il ignorait pourquoi il se trouvait là.

Le ministre rompit enfin le silence.

— Vous vous nommez, m'avez-vous dit, Raoul?

— Raoul Mahé.

— J'ai entendu parler de vous d'une manière avantageuse, il y a cinq jours.

— J'ignore à quel sujet, monseigneur.

— A propos de la scène qui s'est passée au *Pigeon-Blanc*, et dans laquelle vous êtes intervenu fort à propos, à ce qu'il paraît.

— Oh! monseigneur! — dit Raoul d'un air modeste, — c'est par le plus grand des hasards; je rentrais chez moi.

— Qu'importe, vous n'en avez pas moins sauvé la vie à cinq de mes serviteurs.

— C'est tout naturel, monseigneur, ils étaient les plus faibles, je les ai secourus.

— Mais n'aviez-vous point reconnu leur uniforme?

— Si, monseigneur, mais ce n'est pas une

raison. Si vos gardes eussent été plus nombreux, j'aurais ferraillé contre eux.

— Veuillez me rappeler cette scène.

— Mais puisque vous la connaissez déjà...

— C'est vrai ! mais je désire savoir si j'ai été bien renseigné.

— Voici, d'après ce que m'a dit mon hôtesse, ce qui s'était passé avant mon arrivée : Il y avait foule dans la salle basse de l'auberge du *Pigeon-Blanc*, on y buvait force vin d'Anjou, lorsqu'arrivèrent dans les mêmes intentions cinq hommes portant l'uniforme de votre compagnie. Leur apparition excita quelques murmures.

— Hum ! hum ! — fit le ministre en toussant.

— Sans faire attention aux murmures qui avaient accompagné leur entrée, — continua Raoul, sans daigner remarquer la toux du ministre. — les cinq hommes s'assirent et demandèrent à boire. Les murmures se calmèrent d'abord, mais ils s'accrurent peu à peu à mesure que les buveurs s'imaginèrent qu'ils pouvaient continuer impunément, et surtout qu'ils se virent soutenus les uns par les autres.

— Ainsi, mes gentilshommes n'ont à se reprocher aucune provocation ? — interrompit le ministre.

— Aucune. Et même ce fut leur silence obstiné qui enhardit quelques gentilshommes présents, à débiter quelques phrases un peu... légères.

— Oui, oui, je sais... passez !

— Ce fut alors seulement que l'un de messieurs vos gardes se leva et demanda fort poliment qu'on s'abstînt en sa présence de semblables réflexions. Ses paroles furent accueillies par un éclat de rire universel suivi d'un brouhaha général, dans lequel on hua énergiquement messieurs les gardes. Celui qui avait pris la parole sortit son épée du fourreau et la posa sur la table en disant qu'il clouerait contre le mur le premier mauvais plaisant qui voudrait en tâter. Ses quatre camarades en firent autant, et dix secondes après l'un des gentilshommes présents ayant risqué sur votre Excellence un mot hasardé, reçut sur l'échine en signe d'avertissement un coup de plat d'épée bien appliqué. Ce fut le signal d'une épouvantable mêlée, et c'est alors que j'arrivai. J'embrassai d'un coup d'œil le spectacle qui se déroulait devant moi, et pour mieux dégager messieurs les gardes, je pris d'abord un banc dont je me servis pour écarter les assaillants les plus dangereux.

— Ce secours inespéré donna à mes soldats le temps de se réunir, et vous vîntes vous joindre à eux l'épée à la main. Vous avez été blessé à la tête ?

— C'est vrai, monseigneur, mais très-légèrement.

— Or, il paraît que vous jouez de l'épée d'une merveilleuse façon, monsieur Raoul ?

— On me l'a dit quelquefois, — répondit modestement le jeune homme.

— Pourtant vous n'êtes pas gentilhomme?

— Non, monseigneur.

— Mais vous voudriez peut-être le devenir?

— Je ne dois pas y songer, monseigneur,
il me faudrait, du même coup, noblesse,
fortune, puissance!...

— Diavolo! vous êtes ambitieux, à votre
âge !

— Oh! ce n'est pas pour moi, monseigneur !

— Alors, c'est pour une autre. Je gage
que vous êtes amoureux?

Raoul rougit comme une cerise.

— Eh! mon ami, — dit le ministre, —

c'est de votre âge ! Voyons, jeune homme,
j'ai besoin d'avoir autour de moi des cœurs
forts, des bras solides et de braves épées !
Que diriez-vous d'une lieutenance dans ma
compagnie ?

— Je vous remercie infiniment, monsieur
le ministre, mais j'ai résolu fermement de
rester ce que je suis ne pouvant pas devenir
ce que je voudrais être.

— Mais j'y pense ! — s'écria le ministre.
— N'est-ce pas pour vous que M. de Kerlédé
avait sollicité le brevet de capitaine, il me
semble me rappeler qu'il était en votre
nom ?

— Monseigneur a bonne mémoire, —
répondit Raoul.

— Pourquoi n'avez-vous pas accepté ce brevet?

— Parce que M. de Kerlédé me l'avait fait payer par trop d'humiliations.

— Vous êtes fier, jeune homme.

— J'ai mon honneur aussi, monseigneur.

— Je regrette, monsieur Raoul, — dit le ministre en se levant et en l'accompagnant jusqu'à la porte qu'il ouvrit, — que vous ne vouliez rien accepter de moi. Sachez seulement, — ajouta-t-il tout haut de manière à être entendu de tous les gentilshommes qui se trouvaient là, — sachez que si vous avez jamais une faveur à me demander, vous n'avez qu'à parler pour l'obtenir.

Raoul s'inclina profondément en signe de

remercîment et traversa le flot de courtisans qui s'écarta respectueusement devant
lui.

Tandis qu'il regagnait sa chambre modeste sise à l'auberge du *Pigeon-Blanc*, le
vicomte de Douges se précipitait furieux
dans le cabinet du ministre, prêt à saper
le crédit incroyable dont paraissait jouir
Raoul.

XXVII

Le conseil de guerre.

Si le vicomte n'eût pas été encore en proie à la plus grande agitation, il aurait certainement remarqué le regard peu bienveillant que lui adressa le ministre.

— Monseigneur, — dit-il, — je viens vous demander justice.

— Déjà ! monsieur, — dit sévèrement l'Excellence.

— Je viens d'être insulté de la façon la plus grossière par un homme de rien.

— Voudriez-vous parler, par hasard, de ce jeune homme qui sort d'ici à l'instant et avec qui je vous ai entendu échanger tout à l'heure quelques paroles assez vives?

— C'est de lui que je veux parler, monseigneur.

— En ce cas taisez-vous, monsieur de Douges! Vos querelles particulières ne me regardent pas. Sachez seulement que je tiens ce garçon-là en grande estime. Je lui ai vu faire deux choses que pas un de vous n'eût certainement faites. Il s'est battu pour moi comme un lion, et il a refusé la plus légère récompense. Si j'avais autour de moi cinq cents hommes comme celui-là,

je pourrais tenir tête à toute la France !
Qu'il ne soit donc jamais question entre
nous de M. Raoul, et sachez, monsieur le
vicomte, qu'il est de mes amis.

— Il ensorcellera donc tout le monde,
ce maudit Breton-là, — murmura le vicomte.

— Voyons, — dit le ministre. — Si vous
nous revenez encore avec vos grands airs
superbes, vous auriez aussi bien fait de rester
chez vous. On croirait que tout ce qui vous
arrive vous est dû, et qu'on doit se trouver
fort honoré que vous vouliez bien vous
rendre utile. Mais n'est-ce pas le devoir de
tous, de rendre service à son pays ?

— Certainement, monseigneur, mais...

— Cela suffit ! le passé est oublié, vous

reprendrez votre rang à la cour, mais sachez bien encore une fois que je n'entends
mêler en aucune façon ma politique avec
vos affaires personnelles. Allez !

— J'avais à faire part à Votre Excellence
d'un projet...

— Qui me concerne ?

— Non, monseigneur, il ne concerne
que moi, mais comme il nécessitera une
absence d'un mois environ, je n'ai pas
voulu prendre sur moi de partir avant
de savoir si je pouvais servir Votre Excellence.

— Ah ! Et quel est ce projet ?

— Je veux me marier.

— Vous ! à votre âge ?

— Mais, monseigneur, je n'ai que qua-
rante-quatre ans.

— Soit, mais vous êtes un homme usé.

— Monseigneur se trompe.

— Allons, mariez-vous ! Et quelle est la
victime que vous allez épouser ?

— Monseigneur veut rire, j'épouse mademoiselle Blanche de Kerlédé.

— Je vous en fais mes compliments, vicomte, c'est une fille de bonne maison. Allez
donc ! vous pourrez demeurer en Bretagne
jusqu'à la fin de janvier.

Ceci étant un congé en bonne forme, le
vicomte de Douges se retira confus de l'accueil qui lui avait été fait. Sa haine pour
Raoul s'augmenta de toute l'impuissance

où il se trouvait de lui nuire afin de ne point
se faire tort dans l'esprit du ministre ; aussi
revint-il en toute hâte au château de Kerlédé,
bien décidé à presser de toutes ses forces son
mariage avec Blanche, et à assouvir ainsi
tout à la fois sa passion et sa vengeance.

Mais avant qu'il ne fût arrivé, une lettre
de Raoul adressée à Pierre Mahé, sous le
couvert de Lanoë, était venue instruire son
père de la nouvelle scène qui avait eu lieu
dans l'antichambre du ministre. Or, nous
devons dire que tout ce qui arrivait de la
part de Raoul à Pierre Mahé était immédiatement connu de Blanche et d'Hector.

En effet Blanche ne pouvait plus dans ses
promenades se reposer dans la petite maison de Porcé, puisque son père le lui avait

formellement défendu, mais cette prohibi-
tion ne concernait pas Hector ; il en profitait
pour se tenir au courant des faits et gestes
de son ami, et il en instruisait sa sœur.
C'est ainsi que la vie de Raoul était connue
de tous par ricochets sans qu'il s'en doutât.
Hector, qui depuis longtemps avait deviné,
et approuvait même l'amour de Raoul pour
sa sœur, offrit à Pierre Mahé sans que celui-
ci le lui demandât, d'entrer dans le com-
plot, formé par ce dernier, pour retarder le
mariage de sa sœur, qui devait avoir lieu
dans quelques jours.

Le retour du vicomte rendait cette cala-
mité plus menaçante encore. Il avait apporté
de Paris de riches présents pour sa fiancée,
mais les dentelles étaient toujours dans leurs
cartons, les bijoux dans leurs écrins, pas

une enveloppe n'avait été soulevée ; ce dont enrageaient en même temps le vicomte de Douges et le chevalier de Kerlédé.

En présence d'un danger aussi pressant, Hector et Pierre Mahé avaient résolu de faire venir Raoul et de devancer ainsi l'époque fixée à ce dernier par son père pour le retour à Porcé. Seulement le séjour de Raoul devait rester ignoré, afin d'inspirer moins de soupçons.

Le chevalier de Kerlédé, bien qu'il souffrît intérieurement du dépérissement visible de sa chère Blanche, ne voulait pas paraître céder à de semblables simagrées, et persistait plus que jamais dans les projets d'union qu'il caressait depuis quelques mois.

Il se rendit donc auprès de Blanche pour

lui signifier une dernière fois sa volonté.

— Rappelle-toi bien, — dit-il à sa fille, — que c'est dans quatre jours que doit se célébrer ton mariage avec le vicomte de Douges.

— Je vous en supplie, mon père!....

— Comment, encore! Depuis six mois tu as cependant bien dû en prendre ton parti.

— Mais je ne l'aime pas !

— Tu n'en seras que plus heureuse. Lorsque dans un ménage le mari aime sa femme, elle y règne en despote, tu feras tout ce que tu voudras du vicomte.

— Vous voulez me tuer, mon père !

— Ah ! voilà bien toutes nos demoiselles ! Elles doivent toutes mourir ! Mais non, ma pauvre Blanche ! Tu épouseras le vicomte, et tu n'en mourras pas ! Crois-moi, avant huit jours tu m'auras remercié d'avoir fait ton bonheur malgré toi. Qu'auras-tu à désirer ? rien. Tu auras de la fortune, tu iras à la cour, tu seras dans une position brillante ! Que te manquera-t-il ? Tu ne songes plus, je l'espère, à ce caprice d'enfant que tu avais conçu pour le misérable que j'avais comblé de mes bienfaits, et qui les a reconnus par la plus noire ingratitude !

— Et si cela était, pourtant ! — s'écria Blanche.

— Si cela était ! — s'écria le chevalier avec une colère mal contenue, — ce n'est pas dans cinq jours que tu épouserais le vicomte, ce serait demain, ce serait ce soir, à l'instant même ! Mais non, tu veux m'effrayer par d'improbables monstruosités ! Mon sang n'aurait pu s'avilir à ce point qu'un amour aussi vulgaire pût naître dans ton cœur. Pauvre enfant ! résigne-toi donc à être heureuse, et lorsque tu viendras me remercier plus tard, tu te rappelleras alors seulement tout ce que tu devras à ma sollicitude. Eh ! mon Dieu ! n'est-ce pas le rôle de tous les pères d'avoir tort vis-à-vis de leurs enfants, jusqu'à ce qu'il soit prouvé qu'ils ont raison !

Cela dit, le chevalier de Kerlédé se retira, laissant sa fille plongée dans l'affliction.

Le soir même de cette entrevue, Raoul arriva de Paris se soutenant à peine. La lettre qui l'avait appelé était tellement pressante qu'il avait fait le trajet en deux jours et demi.

Dès que son père l'eut instruit de ce qui se passait au château, Raoul voulut absolument voir Blanche, dont la courageuse résistance le consolait en même temps que ses souffrances l'affligeaient.

Hector, qui était venu chercher des nouvelles, sauta au cou de Raoul, qu'il embrassa avec une effusion toute fraternelle.

— Ah! — s'écria Raoul, — que c'est bon de se sentir aimé ainsi!

Et il s'abandonna sans réserve aux charmes de l'amitié qui l'accueillait à son retour.

Cependant Hector chercha de toutes ses forces à détourner Raoul de voir Blanche.

Il lui raconta la conversation qu'elle avait eue dans la journée avec son père.

— Ce serait renoncer à tout espoir que de risquer aujourd'hui une pareille démarche, car, mon père l'a dit, et vous savez s'il est fier, s'il était sûr de l'amour que vous avez inspiré à ma sœur, ce soir même elle épouserait le vicomte !

— Mais, en usant de prudence...

— La plus saine prudence, celle dont il faut écouter la voix, est la raison. Or, mon cher Raoul, si vous en manquez, j'en ai pour vous, car je ne suis pas amoureux. Demeurez ici caché, je viendrai vous voir tous les jours, plutôt deux fois qu'une, et je vous tiendrai au courant de tout ce qui se passera.

— Mais c'est une horrible torture, que cette inaction que vous m'imposez !

— Soyez tranquille, lorsqu'il sera temps d'agir, je vous préviendrai.

— C'est que j'aime Blanche, voyez-vous, avec une telle ardeur que je ne saurais survivre à sa perte. Et puis, je sens en moi quelque chose que je ne puis m'expliquer. Dans le plus fort de mes heures de découragement, j'entends une voix intérieure qui me crie : Espère ! J'ai parfois des rêves mystérieux dans lesquels il me semble que le voile de l'avenir se soulève. Alors j'aperçois tout ce que mon cœur envie, tout ! honneur, gloire, richesse ! Oh ! mes rêves chéris ! Ne croyez pas que ce soit pour moi, mon cher Hector, que je m'abandonne ainsi aux

caprices de mon imagination ! Non, c'est
pour elle, c'est parce que je voudrais mettre
à ses pieds des trésors à faire envie à une
reine !

— Et moi aussi, cher Raoul, je vous dis :
Espérez ! et je ne suis point un rêve, un fantôme.

— Non, vous êtes un ami dévoué, qui
vous partagez avec Blanche ce trop plein de
tendresse qui déborde de mon cœur. Je ne
parle pas de mon père, le cher homme ! tout
ce que j'ai de sang lui appartient, ce n'est
pas de l'amour que j'ai pour lui, c'est du
culte, de la vénération ! Si vous saviez tout
ce qu'il a fait pour moi, si vous aviez entendu les bienveillantes paroles qu'il m'a
prodiguées alors même que je caressais des

chimères ! C'est lui qui a fait renaître en moi la confiance qui m'avait abandonné, c'est lui qui m'a soutenu par la main lorsqu'il y a six mois je suis sorti de chez votre père le cœur brisé, l'honneur flétri !

— Assez de pénibles souvenirs, — dit Hector, — songeons au présent.

— Oh ! — s'écria Raoul, — qui donc a soufflé en moi ces désirs maudits de richesses et de grandeur ! Pourquoi, moi humble entre tous, ai-je reçu cette éducation qui m'élève au-dessus du vulgaire pour mieux me faire sentir combien je suis bas ? Et pourtant, pourquoi mon cœur se révolte-t-il, pourquoi mon sang tout entier bouillonne-t-il à l'approche du danger ? De quel limon

suis-je donc pétri? Quelles ardentes aspira-
tions se disputent mon être?

— N'interroge pas encore le ciel! — dit
une voix grave qui s'élevait derrière Raoul.
— Patience, mon fils, le jour va bientôt
luire où te sera expliqué ce mystère que tu
ne comprends pas. Ne cherche pas à devancer l'heure que la Providence a fixée.
Bien d'autres ont souffert qui le méritaient
moins que toi! Ils étaient plus jeunes, ils
étaient plus beaux, ils étaient plus nobles.
Montre que tu es homme en dominant cette
fièvre intérieure qui te brûle. Le jour où
pourra circuler librement la sève qui te fait
vivre, tu seras plus heureux mille fois que
les plus heureux de la terre.

— Que voulez-vous dire, mon père?

— Rien ! je venais m'informer auprès de vous de ce qui se passe .J'ai à remplir vis-à-vis de toi une promesse, je n'y faillirai pas.

Hector apprit en quelques mots à Pierre Mahé ce qui s'était passé entre Blanche et le chevalier de Kerlédé. On recommanda à Raoul la plus grande prudence. Il fut convenu qu'il ne quitterait point sa chambre, mais Hector consentit à se charger de remettre une lettre à Blanche, après qu'il lui aurait appris l'arrivée de Raoul à Porcé.

— Maintenant, messieurs, — dit Pierre Mahé, — c'est à moi d'agir.

Et il sortit précipitamment.

XXVIII

Les croyances de Marthe.

Raoul demeura donc seul en proie aux mille idées confuses qui l'assiégeaient, tandis que son père allait faire ses efforts pour assurer son bonheur, et tandis qu'Hector se chargeait de remettre à Blanche la lettre que son ami lui avait confiée.

Cette lettre plongea Blanche dans un ra-
vissement merveilleux, mais comme toujours la réaction se fit, et ses plaies ravivées
lui firent sentir davantage leur cuisante douleur. Elle fondit en larmes en songeant que,
dans quelques jours, tout cet avenir de bonheur qu'elle avait rêvé allait s'évanouir devant la volonté formelle de son père. Elle
relut cent fois les caractères tracés sur le papier par la main de celui qu'elle aimait, et
finit cependant par se laisser aller aux doux
rêves d'espérance que Raoul caressait et dont
sa missive était remplie. Marthe, qui avait
deviné tous les secrets de sa jeune maîtresse,
la surprit au moment où elle pliait sa lettre
pour la placer sous son oreiller. Elle sourit
en présence de l'effroi que Blanche laissa
voir en l'apercevant.

— Ah! ma bonne demoiselle, — dit-elle, — vous n'avez pas confiance en moi, ce n'est pas bien! j'ai été pourtant fidèle et dévouée pour vous depuis votre enfance.

— Que veux-tu dire, ma bonne Marthe? je n'ai rien à te cacher.

— Croyez-vous que je n'ai pas remarqué combien vous êtes triste et changée depuis que M. Raoul est parti?

— Tais-toi, je t'en prie! — s'écria Blanche en mettant sa main sur la bouche de Marthe.

— Ah! vous voyez, — répondit-elle doucement, — que je ne m'étais pas trompée! C'est que je m'y connais, voyez-vous! Lorsque ma première maîtresse, la vicomtesse de Douges, aimait comme vous un jeune cavalier sans fortune, j'ai servi ses amours. Le ciel n'a pas voulu qu'ils tournassent à souhait, Dieu veuille que les vôtres aient meilleure destinée!

— Pauvre dame! je me souviens de l'histoire funèbre que tu m'as contée.

— Oui, elle n'a pas été longtemps heureuse!

— Cependant M. d'Escoublac était gentilhomme.

— Oui, mais il n'avait pour toute fortune que son maigre château. Ah! s'il avait eu toutes les terres que cet infâme maître Lanoë a achetées depuis! Il aurait été presque aussi riche que madame la vicomtesse; mais il n'avait que la cape et l'épée. Si le chevalier d'Escoublac ressuscitait aujourd'hui, et qu'il vît son château bien réparé, ses terres bien cultivées, son domaine agrandi par un malheureux gratte-papier! que dirait-il, grand Dieu! Voyez-vous, ma bonne demoiselle, on ne m'ôtera jamais l'idée que cet affreux notaire avait quelques sacs de louis qui appartenaient au chevalier, et avec lesquels il a acheté le domaine. Car maître Lanoë était pauvre comme Job à cette époque, j'en sais quelque chose, puisqu'il y avait à peine un an qu'il était marié, et que ma pauvre maîtresse l'avait établi à Nantes.

—Il est donc bien riche maintenant, ce... notaire?

—- Lui! Il a la plus belle seigneurie de toute la province, et le mécréant s'entend à la diriger! Songez donc qu'il a acheté tous les ans un pré, une ferme, un bois, que ce manége-là dure depuis vingt ans, et que chaque année le pré, la ferme, le bois étaient de plus en plus grands !

— Eh bien ! cela prouve qu'il est adroit.

— Sans doute ! mais il y a une chose qui m'a toujours étonnée...

— Laquelle ?

— C'est que Pierre Mahé l'ait aidé à faire tous ces tripotages-là.

— Qui ? Le père de Raoul ?

— Oui, mademoiselle. Ah ! c'est que Pierre Mahé passait pour un brave cœur, dans les temps ; depuis qu'il est venu s'installer ici, on n'a jamais rien dit non plus sur son compte, mais je l'aurais cru trop

dévoué à la mémoire de son ancien maître
pour prêter la main à l'ambition de ce vieux
pingre de notaire.

— Peut-être a-t-il pour le faire des motifs
que tu ne peux pas apprécier.

— Certainement, il doit en avoir, et je
ne veux par les connaître, car je voudrais
peut-être m'expliquer aussi de quels moyens
il s'est servi pour vivre à l'aise comme il le
fait, lui qui n'avait pas à se mettre sous la
dent d'autre pain que celui de son maître !

— Oh ! Marthe ! si Raoul t'entendait !

— Pauvre jeune homme, ce n'est pas sa
faute, je ne le dirais pas devant lui, ça lui
ferait trop de peine !

— Et moi, je te défends de rien dire sur

le compte de ces braves gens. Je t'abandonne maître Lanoë, mais je veux que tu respectes le père Mahé !

— Oh ! ce n'est pas par médisance ce que j'en dis ! C'est au contraire parce que j'avais pour lui trop d'estime pour croire que cela fût possible. Et pourtant... tenez, mademoiselle Blanche, il y a quelque chose là-dessous. Qui vivra, verra !

— Te voilà encore avec tes folles histoires.

— Folles ! — s'écria Marthe indignée.

— Tes sorciers, tes menilles, tes...

— Tout ce que vous voudrez ! Si vous les aviez vus comme moi, vous y croiriez.

— A quoi ? Aux revenants ?

— Avec ça qu'il n'y en a pas. J'ai vu de mes propres yeux s'allumer le château d'Escoublac, à l'anniversaire de la mort du chevalier.

— Qu'est-ce que cela prouve?

— Cela prouve... demandez-le au vicomte de Douges qui n'a rien voulu dire de ce qu'il y a vu.

— Eh ! le vicomte est un poltron !

— Il n'en est pas moins vrai qu'il a tiré sur le fantôme ses deux coups de pistolets sans le toucher.

— C'est un maladroit, voilà tout!

— Comme vous voudrez! Ce qu'il y a de certain, c'est que les esprits continuent de fréquenter le château, et que les sorciers font

toujours un vacarme d'enfer dans leur maudit trou, au bord de la mer.

— Je n'en ai pas vu, moi, quand j'y suis
allée.

— Non, mais sans M. Raoul vous y res-
tiez, ils vous avaient jeté un sort. D'ailleurs
on les y a vus depuis.

— Quand donc?

— Quelque temps avant le départ de M. le
vicomte de Douges pour Paris.

— Qui les a vus?

— Jean Yvon, le fils de votre fermier.

— Tu ne m'avais pas dit cela.

— Ah! dame, non! votre père me l'avait
défendu.

— Et comment sont-ils faits, tes sorciers?

— On ne sait pas! croyez-vous qu'Yvon se soit amusé à les attendre? Il passait sur la falaise au-dessus du Trou des Sorciers, il récitait quelques *Pater* et quelques *Ave*, lorsqu'il a entendu de grands cris et un bruit semblable à des coups de tonnerre. Jean Yvon a écouté, il a entendu pendant longtemps des plaintes étouffées; tout à coup il a vu deux formes humaines s'élancer dans la mer en criant.

— Qui était-ce? — demanda Blanche.

— Ah! il n'a pas demandé son reste, il s'est sauvé!

— Sans chercher à voir à qui il avait affaire?

—Tiens ! il n'avait pas envie d'être pris par ces maudits sorciers !

— Tu es folle !

— Je sais ce que je dis, je vous en réponds.

— Mais Raoul y est allé plus de cent fois et il n'a jamais rien vu. Tes sorciers ont donc peur de lui ?

— Ou bien, il est sorcier aussi.

—Bon ! — dit Blanche qui éclata franchement de rire, — il ne te manquait plus que cela !

— C'est vrai ! vous êtes là à me retourner, vous me faites dire des bêtises ! J'aime beaucoup M. Raoul, au contraire ; c'est un jeune homme qui en sait plus long que bien d'autres, et qui n'en est pas plus fier. D'abord, il a pour moi une grande qualité.

— C'est fort heureux, et quelle est cette qualité que tu lui reconnais?

— C'est d'être aimé de vous.

— Qui te l'a dit? — demanda Blanche avec réserve.

— Votre tristesse depuis qu'il est parti, et la haine que vous portez au vicomte. Quand une jeune fille déteste aussi cordialement que vous le mari qu'on lui destine, c'est qu'elle en aime un autre. Dites-moi, — ajouta Marthe bien bas, — il vous a donc écrit?

Blanche devint plus rouge qu'une pomme

d'api, et jeta instinctivement les yeux sur l'endroit où elle avait placé sa lettre.

— Cachez-la donc mieux que cela, — dit Marthe en riant.

Blanche s'enfonça tout à coup sous ses couvertures, en voyant passer au-dessous de son oreiller un coin de la lettre de Raoul qu'elle renfonça précipitamment.

— Voyons, ma bonne demoiselle, — dit Marthe, — ne voulez-vous pas me dire vos secrets? Serai-je obligée de les deviner tous? Mais alors à qui vous confierez-vous? Est-ce à votre père qui vous impose une alliance qui vous répugne? Est-ce à votre frère? N'y a-t-il pas une foule de petites choses que vous ne pouvez pas dire à un homme, bien qu'il vous soit attaché par les liens du sang?

Et moi, qui vous ai élevée, moi, qui vous ai vue grandir, qui vous ai soignée avec zèle et dévouement, je serai la seule à tout ignorer !

— Tu as raison, ma bonne Marthe, mais que veux-tu. Ce mariage est un malheur inévitable, il faut bien que je m'y soumette.

— Comment! vous renoncez à tout espoir lorsque vous vous savez aimée !

— Mais que faire alors, que faire?

— Essayer par tous les moyens de détourner le malheur qui vous menace, car je suppose que c'est là ce que vous désirez le plus.

— Oh oui!

— Pourquoi n'allez-vous pas demander conseil à l'Ermite?

— L'Ermite du Bourg-de-Batz!

— C'est un saint homme! Depuis vingt ans qu'il habite dans ce pays, il a vécu dans une austérité de laquelle bien des saints n'ont pas approché. Vous le savez comme moi. Votre bienfaisance s'est souvent étendue jusqu'à lui. C'est à votre généreuse pitié qu'il doit la robe de bure dont il est couvert aujourd'hui, il vous connaît, vous aime, vous bénit!

— Eh que veux-tu que le brave homme me conseille! Il me dira que mon premier devoir est d'obéir à la volonté de mon père.

— Qui sait? Je suis bien convaincue qu'il ne vous conseillera pas de résister, mais il

peut vous indiquer un moyen de faire changer la résolution du chevalier.

— Ah ! je le voudrais de grand cœur !

— Alors, essayez de cette ressource, je
me charge de tout. Je demanderai à M. de
Kerlédé l'autorisation de vous accompagner;
j'attribuerai cette démarche à un caprice de
jeune fille, il ne vous refusera pas, j'en suis
sûre.

— Va donc, ma bonne Marthe, je me re-
commande à toi, agis pour le mieux.

— A la bonne heure ! Tout n'est pas perdu
peut-être, et en quatre jours on peut dé-
truire bien des projets, et en construire bien
d'autres !

— Dieu t'entende ! mais je tremble quand

je songe au dénouement des amours de ton ancienne maîtresse.

— Quelle idée !

— C'est peut-être un pressentiment.

— Non, mademoiselle. Tout le monde n'est pas voué fatalement aux mêmes malheurs, et si quelqu'un mérite d'être heureux, c'est vous dont la jeunesse a été sevrée de plaisirs, dont l'âme s'est développée loin des caresses d'une mère, vous dont le jeune cœur saigne déjà, et qui débutez à peine dans la vie.

— Si on allait le tuer ! — s'écria tout à coup Blanche, en se dressant sur son lit, sans écouter davantage les consolations de Marthe.

Celle-ci la prit dans ses bras, eut quelque peine à la calmer, et persista plus que jamais dans l'idée qu'elle avait eue d'aller demander conseil à l'Ermite du Bourg-de-Batz.

[illegible]
[illegible]
[illegible]
[illegible]
[illegible]

XXIX

Un cœur de mère.

Pendant que Blanche, d'après les conseils de sa fidèle Marthe, prenait la résolution d'aller demander avis au bon ermite, Pierre Mahé, désireux de tenir la promesse qu'il avait faite à son fils, avait recours aux grands moyens.

Dès qu'il eut quitté Raoul, il se dirigea vers le couvent de Saint-Marc, et malgré l'heure avancée de la soirée, fit demander à l'abbesse un instant d'entretien. Le nom de cet homme avait évidemment un grand prestige aux yeux de la vicomtesse, car lui seul avait le singulier privilége d'enfreindre les rigoureuses interdictions qui régnaient au couvent, privilége que Raoul ne pouvait pas s'expliquer.

Quoi qu'il en soit, les bonnes religieuses étaient tellement habituées aux visites de Pierre Mahé, que sans s'informer davantage si leur abbesse voulait ou non le recevoir, il fut introduit sans difficulté dans l'intérieur de l'abbaye.

Julie de Douges était à genoux devant son

prie-Dieu, lorsqu'on lui annonça la visite de Pierre Mahé. Elle termina ses oraisons plus vite que de coutume, car elle pressentit qu'il devait s'agir de quelque chose d'important pour que l'on vînt la déranger à pareille heure.

— Je demande humblement pardon à madame la vicomtesse de me présenter à une heure aussi indue, — dit Pierre Mahé en l'apercevant, — mais je pense qu'elle voudra bien m'excuser lorsqu'elle saura ce qui se passe.

— Parle, mon ami, tu sais que tu peux entrer ici lorsqu'il te plaît. S'agit-il de lui?

— Madame la vicomtesse doit bien penser que je ne viendrais pas l'entretenir pour mon compte.

— Alors, hâte-toi, si le bonheur de Raoul est en jeu je suis prête à faire tout au monde pour l'assurer.

— C'est que dans le cas actuel vous avez à lutter contre quelqu'un qui vous touche de près.

— Mon frère, peut-être.

— Vous l'avez deviné, madame !

— Écoute-moi bien, mon ami : bien que je n'aie jamais voulu croire au crime odieux que tu as attribué jadis à mon frère, j'ai bien voulu suivre les conseils de ta prudence, si exagérés qu'ils me parussent. Depuis, tu as essayé à plusieurs reprises de renouveler les mêmes insinuations, je te l'ai formellement défendu. J'espère donc qu'il

ne sera plus question de rien de semblable
aujourd'hui.

— Je suis désolé de vous contrarier, madame, mais c'est au contraire de cela que je
veux vous parler.

— Alors, je me retire.

— Vous avez le cœur bon, et vous ne
croyez pas au mal. Moi qui suis moins con-
fiant, j'ai cherché à m'éclairer et j'ai trouvé
la lumière.

— Que veux-tu dire ?

— Vous n'avez pas oublié, sans doute,
que vous m'avez autorisé à vous fournir des
preuves de ce que j'avançais lorsque j'aurais
pu en avoir.

— Achève, — dit la vicomtesse trem-
blante.

— Or, mes présomptions sont devenues
des certitudes, et j'ai cru devoir...

— Mon Dieu, vous êtes cruel ! — dit l'ab
besse de Kerlédé en tombant à genoux.

— Je n'ignore pas tout le mal que je vous
cause, mais il y a au-dessus des souffrances
morales, une voix qui doit se faire entendre,
c'est celle de la vérité.

— Je suis résignée, continue, mon ami.

— J'ai là, sur moi un parchemin signé
du principal auteur du drame horrible dans
lequel feu mon maître a perdu la vie ; c'est
une déclaration contenant les noms de ceux

qui ont accompli le crime à l'instigation du vicomte de Douges votre frère.

— Donne ! — s'écria l'abesse de Kerlédé avec égarement.

Elle parcourut avidement le papier que lui tendait Pierre Mahé, puis lorsqu'elle eut achevé cette lecture à travers les larmes qui roulaient dans ses yeux :

— Ah ! je suis cruellement éprouvée, Seigneur, — s'écria-t-elle, — je n'ai connu de l'amour que ses douleurs, j'avais un frère pour qui j'ai sacrifié tout, jusqu'à mes devoirs ! Et voilà que je trouve un coupable où je ne devais voir qu'un innocent, un bourreau où j'aurais dû avoir un défenseur ! Mais je me relève enfin sous le poids des malheurs qui m'écrasent ! Dieu n'a voulu me faire tant souffrir que pour châtier par ma main celui qui a brisé mon avenir ! Parle, mon ami, parle ! Et si le vicomte Henri de Douges essaye de toucher à un cheveu de Raoul, qu'il prenne garde ! La lionne blessée sait mourir pour défendre ses petits !

— Que dites-vous ! madame la vicomtesse, — s'écria Pierre effrayé, — si l'on vous entendait !

— Eh, que m'importe ! Il s'agit de mon fils et je me tairais, et je rougirais d'une honte qui n'en est pas une ! Non, mille fois ! Les preuves de mon mariage existent, je les publierai !

— Je vous en supplie, calmez-vous, chère dame !

—Tu as toujours raison, — dit l'abesse de Kerlédé d'une voix entrecoupée. — De quoi s'agit-il? de quoi le menace-t-on? je veux le le savoir !

— Vous connaissez, madame, tous les services rendus par Raoul à la famille de Kerlédé, mais vous ignorez bien des événements qui se sont accomplis depuis cette époque, et que j'avais cru devoir vous taire pour ne point troubler votre solitude recueillie de bruits inutiles, jusqu'à ce qu'enfin j'ai cru devoir recourir à votre intervention.

— Oh ! elle sera active et efficace, je te le jure !

— Raoul, dans ses fréquentes visites au château, a conçu pour mademoiselle Blanche un amour dont elle est digne. Cet amour je n'ai voulu ni l'encourager ni le lui interdire ; mais un autre a découvert aussi ce trésor d'innocence, un autre veut cueillir cette fleur que je voyais de loin grandir pour le bonheur de mon f... Ah ! pardon, madame, j'obéis à la force de l'habitude.

— Il est ton fils, Pierre, plus qu'il n'est le mien ! Tu peux donc le nommer ainsi sans exciter ma jalousie. Je lui ai donné la vie matérielle, mais tu lui as ouvert celle de l'intelligence et de la pensée !

— Lorsque l'amour de Raoul pour Blanche se révéla d'une manière imprévue dans le salon même du chevalier de Kerlédé, cet autre, qui était venu se dresser entre Raoul et Blanche, s'indigna de tant d'audace, et laissa tomber des paroles de mépris qui blessèrent profondément le cœur de votre fils. Cet autre, c'est le vicomte, c'est votre frère !

— Oh ! je n'aurais jamais osé pressentir un tel malheur.

— J'eus besoin de toute mon autorité pour arracher à Raoul le serment de ne pas tirer vengeance de cet outrage, je le fis partir pour Paris, mais la fatalité s'en mêlait ! Le vicomte y rencontra Raoul, et renouvela ses injures presque en présence du cardinal. Je tremblais que l'impatience du jeune homme n'eût éclaté, mais le ciel ne le voulut point, et lui inspira assez de sang-froid pour lui permettre de se contenir. Aujour-d'hui, Raoul est de retour, le mariage de Blanche est fixé au 5 janvier. Dans quatre jours, l'orage que j'ai tout fait pour éloigner doit éclater. Le malheur de ces jeunes gens sera consommé, la parole que m'a donnée Raoul cesse de lui être sacrée, et alors ! !...

— Oui, je prévois d'ici la catastrophe qui nous menace, Raoul armé contre mon frère, le neveu contre son oncle, c'est affreux ! Il faut éviter à tout prix une semblable rencontre !

— C'est pour cela que je suis venu à vous, madame, c'est pour que vous usiez des armes que j'ai réussi à vous donner, pour décider le vicomte à renoncer à cette union.

— Oh ! je réussirai, je le sens !

— Je n'ai pas comme vous une confiance aveugle en la soumission si prompte de votre frère à vos désirs. Songez qu'il est à un âge où l'on ne sait plus commander ses passions lorsqu'on a passé sa vie à les assouvir, et que rien ne lui coûtera pour les satisfaire. Songez qu'il a eu déjà recours au crime, et qu'il ne reculera point devant un nouveau crime s'il le faut.

— Tais-toi, tu me fais frémir !

— Écrivez à l'instant au vicomte, je lui ferai tenir votre lettre, et demain matin il sera sans doute ici. Je viendrai savoir le résultat de votre entrevue, et si, comme je le crains, elle n'est pas couronnée de succès, nous aurons recours aux moyens extrêmes.

Julie de Douges écrivit à la hâte quelques lignes qu'elle scella de ses armes, et Pierre Mahé disparut, emportant le papier précieux d'où dépendait peut-être le sort de Raoul.

Quant à la vicomtesse, elle se laissa tomber, sans forces, aux pieds du christ qui se trouvait au-dessus de son prie-Dieu. Cette croix était le seule meuble précieux qu'elle eût conservé de son ancienne opulence, c'était un doux souvenir pour lequel elle avait un culte religieux. Lorsqu'elle était tout enfant, ce crucifix ornait la chambre de sa mère. C'est devant lui qu'elle avait bégayé ses premières prières, c'est sur lui que s'était arrêté le dernier regard de sa mère. C'est en l'invoquant qu'elle avait trouvé dans sa retraite quelques douces heures de repos et de tranquillité. A lui s'adressaient ses regrets et ses espérances!

Tourmentée par mille émotions violentes,

arrachée par les tempêtes du monde au calme de son habituelle austérité, c'est encore là qu'elle vint se réfugier et puiser des forces pour se préparer à la lutte qui allait commencer. Après qu'elle eut versé des larmes amères, après qu'elle eut épanché sa douleur, elle se releva plus calme et fortifiée par la prière.

Elle avait enfin laissé échapper son secret, la malheureuse mère ! et maintenant que sa surexcitation s'était calmée, maintenant que le sang-froid lui était revenu, elle tremblait que le cri arraché à sa douleur n'eût été entendu. Elle tout à l'heure si forte devant la honte et le scandale, elle frémissait à l'idée seule qu'elle aurait pu le provoquer. Car depuis plus de vingt ans elle souffrait en silence, car elle avait sacrifié tout à l'avenir de son fils ; elle avait comprimé la voix du sang qui parlait en elle, elle avait renoncé aux caresses d'un fils bien-aimé peur le laisser grandir dans l'obscurité, à l'ombre d'une ignorance absolue des liens qui l'unissaient à elle. Tout cela pour le soustraire à la fureur de ses ennemis ! Et voilà qu'un moment de faiblesse avait failli la trahir avant l'heure ! Voilà que tant de précautions accumulées avaient été sur le point de s'écrouler !

Elle se reprocha amèrement cet instant de faiblesse, elle se promit de rester forte devant le danger, et de tout faire pour assurer l'avenir d'un enfant qui lui avait coûté tant de larmes, de deuil et de privations !

En vain chercha-t-elle le repos dont elle

avait besoin, les visions les plus horribles traversaient l'espace devant ses yeux brûlés par l'insomnie, et lorsque les premières lueurs du jour vinrent éclairer les murs du couvent, l'abbesse de Saint-Marc priait encore l'âme navrée, mais pleine du sentiment maternel qui grandissait ses forces à la hauteur de la lutte qu'elle aurait à soutenir.

[illegible]
[illegible]
[illegible]
[illegible]
[illegible]
[illegible]
[illegible]

XXX

L'heure de la vengeance.

Cependant dès que le jour fut levé, Pierre Mahé se dirigea vers le château de Kerlédé, porteur de la lettre de Julie de Douges à son frère. Il n'avait voulu confier à personne le soin de s'acquitter de cette mission. Lorsqu'il demanda le vicomte, on lui fit observer

qu'il était encore au lit, mais comme il in-
sistait vivement, Raymond vint à lui les
yeux encore gonflés par le sommeil, et fit
un soubresaut violent en apercevant celui
qu'il haïssait le plus au monde. Fort de
l'autorité que l'on se sent lorsqu'on est chez
soi, Raymond prit le parti de traiter verte-
ment Pierre Mahé.

— Que voulez-vous? — demanda-t-il
brusquement.

— Je veux parler au vicomte.

— Mon maître repose, et n'est pas visible.

— Il faut pourtant que je le voie.

— C'est impossible !

— J'ai une lettre à lui remettre.

— De la part de qui?

— Assez de questions, — dit Pierre Mahé en fronçant le sourcil. — Allez dire à votre maître que j'ai à lui remettre une lettre importante, et que je ne puis m'en dessaisir qu'entre ses mains.

— Alors, vous pouvez vous retirer, car je ne me soucie pas de le déranger en ce moment.

— En ce cas, je m'annoncerai moi-même, — dit Pierre Mahé en faisant un pas en avant.

— Vous n'avez pas, je suppose, la prétention d'entrer chez mon maître malgré lui?

— Malgré lui, non, mais bien malgré vous!

— C'est ce que nous verrons.

— Comme il vous plaira ! — dit Pierre Mahé en saisissant Raymond au collet et en le secouant énergiquement. — Allez dire à votre maître, — ajouta-t-il, — qu'il faut que je le voie, allez !

Raymond se rappela sur-le-champ que Pierre Mahé avait un poignet solide.

— Je veux éviter un scandale, — dit-il, — j'y vais.

Et il lui jeta un regard tellement chargé de haine, que tout autre que Pierre Mahé eût tremblé.

Mais lui attendit patiemment que Raymond fût revenu, et lorsque celui-ci lui annonça qu'il pouvait entrer, il avait la mine piteuse et déconfite.

Pierre Mahé remit au vicomte la lettre de sa sœur, et se retira sans mot dire.

— N'avez-vous pas à me parler ? — demanda le vicomte.

— Ma tâche est remplie, — répondit le fidèle serviteur en saluant.

Et il passa fièrement devant Raymond ébahi.

Le vicomte décacheta promptement le pli qui lui était adressé, et manifesta quelque surprise en reconnaissant l'écriture de sa sœur. Depuis vingt ans, en effet, il n'avait reçu d'elle aucun message ; il s'était présenté deux fois à la grille du couvent de Saint-

Marc, mais elle avait refusé de le recevoir, et le vicomte s'était facilement habitué à l'idée qu'il n'avait plus de sœur. On comprendra donc facilement quel fut son étonnement, et quelle curiosité mêlée de défiance cette lettre excita en lui.

Cependant il s'habilla sur-le-champ et se rendit au couvent, non sans avoir cherché à s'expliquer les raisons qui faisaient agir sa sœur. Cette fois il fut reçu sans difficulté; sa visite était évidemment annoncée et attendue.

Au bout de quelques instants, l'abbesse de Saint-Marc parut devant lui.

Henri de Douges contempla avec quelque surprise la physionomie pâle et fatiguée de sa sœur, il vit presque avec effroi ses cheveux blanchis avant l'âge, dont quelques mèches indiscrètes s'échappaient du bandeau qui les retenait Il avait conservé de sa sœur le souvenir du visage tel qu'il était il y a vingt ans, et la brusque transition qu'il apercevait maintenant l'impressionna vivement. Quoiqu'il fît tous ses efforts pour contenir les divers sentiments qu'il éprouvait, son étonnement se peignit probablement sur ses traits, car Julie de Douges s'en aperçut.

— Vous ne vous attendiez pas à me retrouver dans cet état, — dit-elle à son frère avec un sourire triste.

— J'avoue, — répondit-il, — qu'il y a si longtemps que je suis privé du plaisir de

vous voir, que ce changement m'a sérieuse-
ment affecté.

— Oh ! le chagrin vieillit vite !

— Avez-vous au moins trouvé dans votre
cloître les consolations de l'oubli ?

— Non. J'ai cependant beaucoup prié,
mais je n'ai pas oublié plus que vous l'assassinat du chevalier d'Escoublac.

— Quoi ! vous y pensez toujours ?

— Mais ce meurtre ne demande-t-il pas
une vengeance ?

— Vous savez mieux que personne que
j'ai fait tous mes efforts pour en découvir les
auteurs.

— Je le sais, en effet ! — dit l'abbesse de
Saint-Marc avec un sourire sinistre.

— Il faut donc se résigner ! — s'écria hypocritement le vicomte.

— Mais si les auteurs en étaient découverts un jour ?

— Cela n'est guère probable, — dit Henri de Douges avec un sourire contraint.

— Pourtant, si cela était, les puniriez-vous ?

— N'en doutez pas, ma sœur !

— Et quel est le châtiment que vous leur infligeriez ! La mort, n'est-ce pas ?

— Les juges en décideraient.

— Eh bien ! je les connais, moi ! — dit froidement l'abbesse en regardant fixement son frère.

— Est-ce possible ! — s'écria le vicomte dont une sueur froide couvrit tout le corps. — Mais, — ajouta-t-il en s'efforçant de faire bonne contenance, — il faudrait pouvoir fournir les preuves...

— Je les fournirai, je les ai.

— Vous les avez ! — s'écria-t-il épouvanté.

— J'ai une déclaration écrite signée d'un certain Raymond, constatant qu'il a lâchement assassiné le chevalier d'Escoublac, assisté de deux misérables dont j'ai les noms, à l'instigation de...

— C'est impossible !

— Ah ! vous refusez de le croire ! Et moi

aussi je m'y suis refusée pendant vingt ans!

Et moi aussi j'ai reculé devant l'infamie de soupçonner mon frère! ce n'est qu'hier que j'ai vu sous mes yeux les preuves sanglantes de ce forfait, et c'est à dater d'aujourd'hui que ma vengeance va suivre son cours.

— Vous me croyez donc coupable? — s'écria le vicomte.

— Puisque je vous ai dit que j'en ai les preuves.

— C'est faux, c'est absurde, impossible! Ces preuves, montrez-les moi!

— Oh! ce n'est pas à vous que je les montrerai! Ces preuves sont déposées en lieu sûr, c'est une arme que je garde entre mes mains pour m'assurer de votre obéissance dans l'avenir.

— De mon obéissance?... — balbutia le vicomte.

— Oui, car je vous laisse le choix entre une obéissance passive à mes désirs, ou la conséquence naturelle de votre crime. Rendez grâce au ciel que je borne à si peu ma vengeance.

— En vérité, ma chère sœur, vous me prenez pour un enfant! Car, en admettant que tout ce que vous m'avez dit soit vrai, et que j'obéisse à vos caprices, quelle serait ma garantie?

— Ma parole! — dit fièrement l'abbesse.

— Certainement j'ai une extrême confiance dans votre loyauté, mais cela ne suffit
pas, il me faut quelque chose de plus sérieux.

— Je vous comprends, monsieur. Lorsqu'on a marché comme vous l'avez fait dans
le sentier fangeux du vice, on a perdu toute
croyance. Mais peu m'importe que vous
ajoutiez foi ou non à ce que je vais vous
promettre, car je vous le jure ici devant
Dieu qui nous entend, ou vous ferez ce qu'il
me plaira de vous dicter, ou les preuves
dont je vous ai parlé seront déposées demain à Nantes, entre les mains de qui de
droit. Ceci est mon dernier mot, je vous en
préviens. Je suis lasse de souffrir par vous
et de voir souffrir ceux à qui je porte inté-

rêt. Vous avez torturé mon cœur, vous avez abreuvé ma vie d'amertume lorsque je vous avais prodigué les preuves de mon amitié et de mon dévouement. Je relève enfin la tête, et il me plaît que les rôles soient intervertis ; Dieu me donnera la force de protéger ceux que j'aime, puisqu'il a daigné me mettre en main l'arme vengeresse que m'ont fournie vos complices.

— Je vous ferai observer, madame, — répondit le vicomte qui reprit tout son aplomb, et qui rejeta enfin son masque d'hypocrisie, — qu'avant de vous répondre il serait bon que vous me fissiez connaître ce que vous exigez de moi. Si vous voulez couvrir d'infamie le nom que vous portez, si vous en avez réellement les moyens comme vous le dites, libre à vous ! Mais si je suis l'arbitre de choisir entre cette infamie et l'exécution de vos volontés, encore faut-il que je sache à quoi je m'engage. Remarquez que je ne récrimine pas, je discute.

— Je vois que vous affichez enfin devant moi toute l'insolence de vos vices. Eh bien, je veux vous suivre sur votre terrain et discuter avec vous, puisque tel est le mot que vous employez.

— Je vous écoute.

— Vous devez épouser, m'a-t-on dit, dans trois jours mademoiselle Blanche de Kerlédé ; vous n'aimez point cette jeune fille ?

— C'est au contraire la seule passion sérieuse que j'aie jamais ressentie.

— De sorte que cela vous contrarierait d'y renoncer?

— De sorte que je n'y renoncerais à aucun prix.

— Je suis enchantée de savoir que cela vous tient à cœur; car c'est précisément le sacrifice que j'exige de vous...

— Et que je ne ferai certainement pas.

— Comme il vous plaira! — dit l'abbesse de Saint-Marc en se levant, — vous verrez si je tiens ma parole.

— Quoi! vous enverrez ces preuves à Nantes!

— Dès demain.

— Accordez-moi du moins vingt-quatre
heures de réflexion.

— Pas une minute.

— Eh bien ! agissez comme bon vous
semblera, mais je ne me résignerai jamais
à jouer le rôle que vous voulez me donner.
Vous voulez que mon nom, qui est le vôtre,
soit livré à l'infamie, soit ! Mais non, je suis
fou, vous ne le ferez pas ! Ces preuves que
vous prétendez posséder, vous ne les avez
pas ! Vous avez voulu m'épouvanter par de
vaines menaces, je les brave et je ne vous
crains pas ! Jamais Blanche n'appartiendra
qu'à moi, je l'aime, je la veux, je l'aurai !

— Dieu m'est témoin, — répondit Julie de Douges, — que je voulais étouffer un pareil éclat. Il sait que j'avais malgré moi restreint ma vengeance pour éviter un scandale. Puisqu'il vous a rendu assez aveugle pour ne pas voir, je le bénis, car le sang de celui que j'aimais sera enfin vengé, et croyez bien que je ne faiblirai pas dans la tâche que m'impose votre incrédulité.

— Écoutez-moi, — reprit le vicomte, pâlissant malgré lui devant l'énergique résolution empreinte sur les traits de sa sœur, — je vous demande jusqu'à demain pour faire le sacrifice que vous exigez de moi.

— Je veux bien vous accorder ce délai, bien que ce soit encore de la faiblesse de ma part; mais je vous préviens que si demain matin à pareille heure, vous ne m'avez pas donné une réponse conforme à mes désirs, votre sort ne dépendra plus de moi.

— A demain donc, — dit le vicomte en saluant pour se retirer.

Les forces de l'abbesse de Saint-Marc commençaient à l'abandonner, il était temps que son frère s'en allât. Elle avait usé son énergie à comprimer les battements de son cœur et les flots de colère indignée qui se soulevaient en elle à l'aspect du meurtrier du chevalier d'Escoublac. Maintenant qu'il avait disparu, l'objet de son courroux se revêtait des odieuses couleurs qu'elle avait essayé de ne point voir. Elle sacrifiait à l'amour qu'elle avait pour Raoul le ressentiment amoncelé pendant vingt années de deuil et de larmes.

Lorsque Pierre Mahé revint quelques instants après savoir le résultat de l'entrevue de la vicomtesse avec son frère, il s'étonna du délai que lui avait accordé la faiblesse de sa sœur.

— Ceci ne me présage rien de bon, — dit-il.

— Qu'avons-nous à craindre encore?

— Maintenant que le vicomte est averti, croyez qu'il fera tout au monde pour éluder l'extrémité pénible à laquelle vous voulez le réduire, et qu'aucun moyen ne lui coûtera pour y arriver.

— Mais il ignore où sont les preuves.

— C'est égal, nous avons tout à craindre. Quand l'homme a fait un pas dans le crime, il est entraîné malgré lui au fond de l'abîme, et souvent un nouveau crime ne sert qu'à cacher le premier.

— Tenons-nous donc sur nos gardes.

— Puisse le ciel éloigner de nous un malheur ! Et maintenant, — ajouta Pierre Mahé, — avez-vous quelque chose à faire dire à maître Lanoë ?

— Non. Est-il donc à Porcé ?

— Oui, madame, il m'attend, je l'ai laissé

avec Raoul qui se désespère d'être forcé de rester dans sa chambre.

— Il ignore toujours...

— Madame la vicomtesse a ma parole, — dit simplement Pierre Mahé, — je n'aurais garde d'y manquer sans qu'elle m'en ait dégagé. Et pourtant l'heure est proche, le danger est imminent. Faut-il donc attendre jusqu'au 25 janvier?

— Je voudrais faire autrement que cela me serait impossible, les actes qui doivent lui être remis ne peuvent être ouverts que lorsqu'il aura vingt et un ans accomplis.

— A demain donc, — dit Pierre Mahé avec un énorme soupir. — Pourvu qu'il soit encore temps !

FIN DU HUITIÈME VOLUME.

TABLE

DU HUITIÈME VOLUME.

—

Chap. XVII. La marée montante............ 3

XVIII. Au Chat qui pelotte............ 23

XIX. Ce qu'était la rapière de Raoul.... 61

XX. Le courrier.................... 85

XXI. Le cheval du capitaine........... 109

XXII. Le revenant.................. 131

XXIII. Les adieux.................. 153

XXIV. La demande en mariage......... 175

XXV. Où Raymond a grand peur....... 199

XXVI. Dans la salle du Pigeon-Blanc.... 219

XXVII. Le conseil de guerre............ 239

XXVIII. Les croyances de Marthe........ 259

XXIX. Un cœur de mère.............. 277

XXX. L'heure de la vengeance......... 295

Sceaux, imprimerie de E. Dépée.

TABLE

DU HUITIÈME VOLUME

XVII. La thèse soutenue 1

XVIII. Un chat qui pelote 23

XIX. Où débute la reprise de l'action .... [illegible]

XX. Le courrier 51

XXI. Le cheval du capitaine 100

XXII. La revenante 121

XXIII. Les adieux 133

XXIV. La demande en mariage 148

XXV. Où Raymond a grand peur 190

XXVI. Dans la salle du Pigeon-Blanc 213

XXVII. Le conseil de guerre 239

XXVIII. Les croyances de Marthe 260

XXIX. Un crime de père 277

XXX. L'heure des vengeances 305

9 782019 967178